MEMNON
HISTOIRE
ORIENTALE.

MEMNON
HISTOIRE
ORIENTALE.

A LONDRES,

POUR LA COMPAGNIE.

MDCCXLVII.

MEMNON HISTOIRE ORIENTALE.

CHAPITRE PREMIER.

DU tems du Roi Moabdar il y avoit à Babylone un jeune homme nommé Memnon né avec un beau naturel, fortifié par l'éducation; quoique riche & jeune, il ſavoit modérer ſes paſſions; il n'affectoit rien; il ne vouloit point toujours avoir raiſon & ſavoit reſpecter la

 ſoifoibleſſe des hommes : on étoit étonné de voir qu'avec beaucoup d'eſprit, il n'inſultoit jamais par des railleries, à ces propos ſi vagues ſi rompus ſi tumultueux, à ces médiſances téméraires, à ces déciſions ignorantes, à ces turlupinades groſſieres, à ce vain bruit de paroles qu'on apelloit converſation dans Babylone.

Il avoit apris dans le premier Livre de Zoroaſtre que l'amour propre eſt un Ballon gonflé de vent dont il ſort des tempêtes quand on lui a fait une piquure. Memnon ſur-tout ne ſe vantoit pas de mépriſer les femmes & de les ſubjuguer : il étoit généreux, il ne craignoit point d'obliger des ingrats

grats ſuivant ce grand précepte de Zoroaſtre ; *quand tu manges, donnes à manger aux chiens, duſſent-ils te mordre.*

Il étoit auſſi ſage qu'on peut l'être ; car il cherchoit à vivre avec des ſages, inſtruits dans les ſciences des anciens Caldéens ; il n'ignoroit pas les principes phyſiques de la Nature tels qu'on les connoiſſoit alors, & ſavoit de la Métaphyſique ce qu'on en a ſu dans tous les âges, c'eſt-à-dire, fort peu de choſe. Il étoit fermement perſuadé que l'année étoit de trois cent ſoixante & cinq jours & demi malgré la nouvelle philoſophie de ſon tems ; & que le Soleil étoit au centre du monde Planétaire ; & quand les principaux Mages lui disoient avec une hauteur insultante qu'il avoit de mauvais Sentimens, & que c'étoit être ennemi de l'Etat que de croire que le soleil tournoit & que l'année avoit douze mois, il se taisoit sans colere & sans dédain.

Memnon avec de grandes richesses, & par conséquent avec des amis, ayant de la santé, une figure aimable, un esprit juste & modéré, un cœur sincere & noble, crut qu'il pouvoit être heureux. Il devoit se marier à Sémire que sa beauté, sa naissance & sa fortune rendoient le premier parti de Babylone. Il avoit pour elle un attachement solide & vertueux: & Sémire l'aimoit avec passion; ils touchoient au moment

ment fortuné qui alloit les unir, lorſque ſe promenant enſemble à une porte de Babylone ſous les palmiers qui ornoient le rivage de l'Euphrate, ils virent venir à eux des hommes armés de ſabres & de fléches. C'étoit les Satellites du jeune Orcan neveu d'un Miniſtre, à qui les Courtiſans de ſon Oncle avoient fait acroire que tout lui étoit permis. Il n'avoit aucune des graces ni des vertus de Memnon, mais croyant valoir beaucoup mieux, il étoit deſeſpéré de n'être pas préféré. Cette jalouſie qui ne venoit que de ſa vanité lui fit penſer qu'il aimoit éperdûment Sémire; il vouloit l'enlever; les Raviſſeurs la ſaiſirent & dans l'emportement de leur violence ils la blesserent, & firent couler le ſang d'une perſonne dont la vue auroit attendri les tigres. Elle perçoit le Ciel de ſes plaintes; elle s'écrioit, mon cher Epoux, on m'arrache à ce que j'adore: elle n'étoit point occupée de ſon danger: elle ne penſoit qu'à ſon cher Memnon: celui-ci dans le même tems la défendoit avec toute la force que donnent la valeur & l'amour. Aidé ſeulement de deux Eſclaves il mit les raviſſeurs en fuite & ramena chez elle Sémire évanouie & ſanglante qui en ouvrant les yeux vit ſon Libérateur. Elle lui dit, o Memnon, je vous aimois comme mon Epoux, à préſent je vous aime comme celui à qui

je

je dois l'honneur & la vie. Jamais il n'y eut un cœur plus pénétré. que celui de Sémire. Jamais Bouche plus raviſſante n'exprima des ſentimens plus touchans par ces paroles de feu qu'inſpiroient le ſentiment du plus grand des bienfaits & le tranſport le plus tendre de l'amour le plus légitime. Sa bleſſure étoit légere, elle guérit bientôt. Memnon étoit bleſſé plus dangereuſement: un coup de fléche reçu près de l'oeil lui avoit fait une plaie profonde. Sémire ne demandoit aux Dieux que la guériſon de ſon amant. Ses yeux étoient nuit & jour baignés de larmes. Elle attendoit le moment où ceux de Memnon pourroient jouir de ſes regards; Mais un abcès ſurvenu à l'oeil bleſſé fit tout craindre. On envoya juſqu'à Memphis chercher le grand Médecin Hermes qui vint avec un nombreux cortege. Il viſita le malade & déclara qu'il perdroit l'oeil. Il prédit le jour & l'heure où ce funeſte accident devoit arriver; ſi c'eût été l'oeil droit, dit-il, je l'aurois guéri, mais les plaies de l'oeil gauche ſont incurables. Tout Babylone en plaignant la deſtinée de Memnon admira la profondeur de la Science d'Hermes; deux jours après l'abcès perça de lui même, Memnon fut parfaitement guéri. Hermes écrivit contre lui un livre, où il lui prouva qu'il n'avoit pas dû guérir.

Mem-

Memnon ne le lut point, mais dès qu'il put sortir il se prépara à rendre visite à celle qui faisoit l'espérance du bonheur de sa vie, & pour qui seule il vouloit avoir des yeux. Sémire étoit à la campagne depuis deux ou trois jours, il aprit en chemin que cette belle Dame, ayant déclaré hautement qu'elle avoit une aversion insurmontable pour les borgnes, venoit de se marier à Orcan la nuit même.

A cette nouvelle il tomba sans connoissance. Sa douleur le mit au bord du tombeau. Il fut longtems malade, mais enfin la raison l'emporta sur son affliction, & l'atrocité de ce qu'il éprouvoit servit même à le consoler; puisque j'ai effuyé, dit-il, un fi cruel caprice d'une fille élevée à la Cour, il faut que j'époufe une Citoyenne. Il choifit Azora la plus fage & la mieux née de la Ville. Il l'époufa & vécut un mois avec elle dans les douceurs de l'union la plus tendre. Seulement il remarquoit en elle un peu de légereté & beaucoup de penchant à trouver toujours que les jeunes gens les mieux faits étoient ceux qui avoient le plus d'efprit & de vertu.

CHA-

CHAPITRE II.

UN jour Azora revint d'une promenade toute en colere & faiſant de grandes exclamations. Qu'avez vous, lui dit-il, ma chere Azora! qui vous peut mettre ainſi hors de vous même? Hélas! dit-elle, vous ſeriez indigné comme moi ſi vous aviez vu le Spectacle dont je viens d'être témoin. J'ai été conſoler la jeune veuve Cosrou qui vient d'élever depuis deux jours un tombeau à ſon jeune Epoux auprès du ruiſſeau qui borde cette prairie. Elle a promis aux Dieux dans ſa douleur de demeurer

rer auprès de ce tombeau tant que l'eau de ce ruiſſeau couleroit. Eh bien, dit Memnon, voilà une femme eſtimable qui aimoit véritablement ſon mari! Ah, reprit Azora, Si vour ſaviez à quoi elle s'occupoit quand je lui ai rendu viſite! A quoi donc, belle Azora? Elle faiſoit détourner le ruiſſeau: Azora ſe répandit en des inveſtives ſi longues, éclata en reproches ſi violents contre la jeune veuve, que ce faſte de vertu ne plut pas à Memnon.

Il avoit un ami nommé Cador qui étoit un de ces jeunes gens à qui ſa femme trouvoit plus de probité & de mérite qu'aux autres; il le mit dans ſa Confidence & s'aſſura

ſura autant qu'il le pouvoit de ſa fidélité par un préſent conſidérable; Azora ayant paſſé deux jours chez une de ſes amies à la Campagne revint le troiſieme jour à la maiſon. Des Domeſtiques en pleurs lui annonçerent que ſon mari étoit mort ſubitement la nuit même; qu'on n'avoit pas oſé lui porter cette funeſte nouvelle, & qu'on venoit d'enſevelir Memnon dans le tombeau de ſes peres au bout du jardin. Elle s'arracha les cheveux, & jura de mourrir; le ſoir Cador lui demanda la permiſſion de lui parler & ils pleurerent tous deux: le lendemain ils pleurerent moins, & dinerent enſemble; Cador lui confia que ſon ami

lui

lui avoit laiſſé la plus grande partie de ſon bien, & lui fit entendre qu'il mettroit ſon bonheur à partager ſa fortune avec elle. La Dame pleura, ſe fâcha, s'adoucit. Le ſoupé fut plus long que le diné : on ſe parla avec plus de confiance : Azora fit l'éloge du défunt; mais elle avoua qu'il avoit des défauts dont Cador étoit exempt. Au milieu du ſoupè Cador ſe plaignit d'un mal de rate violent; la Dame inquiette & empreſſée fit apporter toutes les eſſences dont elle ſe parfumoit, pour eſſayer s'il n'y en avoit pas quelqu'une qui fût bonne pour le mal de rate. Elle regretta beaucoup que le grand Hermes ne fût pas en-

encore à Babylone ; elle daigna même toucher le côté où Cador sentoit de si vives douleurs. Etes-vous sujet à cette cruelle maladie, lui dit-elle, avec compassion? elle me met quelquefois au bord du tombeau, lui répondit Cador, & il n'y a qu'un seul remede qui puisse me soulager ; c'est de m'apliquer sur le côté le nez d'un homme qui soit mort la veille. Voilà un étrange remede, dit Azora : pas plus étrange répondit Cador, que les *sachets de Mr. Arnoult pour l'Apoplexie.* Cette raison jointe à l'extrême mérite du jeune homme déterminerent enfin la Dame. Après tout, dit-elle, quand mon mari passera du monde d'hier dans

le

le monde du lendemain ſur le Pont Tchivar, l'Ange Aſrael lui accordera-t-il moins le paſſage par ce que ſon nez ſera un peu moins long dans la ſeconde vie que dans la premiere? Elle alla au tombeau de ſon époux, l'arroſa de ſes larmes & s'aprocha pour couper le nez à Memnon qu'elle trouva étendu dans la tombe. Memnon ſe releve en tenant ſon nez d'une main & arrêtant le razoir de l'autre; Madame lui dit-il, ne criez plus tant contre la jeune Coſrou, le projet de me couper le nez vaut bien celui de détourner un ruiſſeau.

CHA-

CHAPITRE III.

MEmnon éprouva que le premier mois du mariage, comme dit un Sage, eſt la Lune du Miel, & que le ſecond eſt la Lune de l'Abſinthe. Il fut quelque tems après obligé de répudier Azora qui étoit devenue trop difficile à vivre, & il chercha ſon bonheur dans l'étude de la Nature. Rien n'eſt plus heureux, diſoit-il, qu'un Philoſophe qui lit dans ce grand Livre que Dieu a mis ſous nos yeux. Les Vérités qu'il découvre ſont à lui: il nourrit & il éleve ſon ame: il vit tranquile; il ne craint rien des hommes; & sa tendre épouse ne vient point lui couper le nez.

Plein de ces idées il se retira dans une maison de Campagne sur les bords de l'Euphrate; là il ne s'occupoit pas à calculer inutilement combien de pouces d'eau couloient sous les arches d'un Pont, ou s'il tomboit une ligne cube de pluie dans le mois de la souris plus que dans le mois du mouton, il n'imaginoit point de faire de la soie avec des toilles d'araignées, ni de la porcelaine avec des bouteilles cassées. Mais il étudia surtout la propriété des animaux & des plantes, & il acquit bientôt une sagacité qui lui découvroit mille différences où les autres

tres hommes ne voient rien que d'uniforme.

Un jour se promenant auprès d'un petit Bois, il vit courir à lui un Eunuque de la Reine suivi de plusieurs officiers qui paroissoient dans la plus grande inquiétude, & qui courroient çà & là, comme des hommes égarés qui cherchent ce qu'ils ont perdu de plus prétieux. Jeune homme, lui dit le premier Ennuque, n'avez vous point vu le Chien de la Reine? Memnon répondit modestement c'est une Chienne & non pas un Chien. Vous avez raison, reprit le premier Eunuque. C'est une Epagneule tres petite, ajouta Memnon, elle a fait depuis peu des

Chiens, elle boite du pié gauche de devant, & elle a les oreilles tres longues. Vous l'avez donc vue, reprit le premier Eunuque tout essouflé ? Non, répondit Memnon, je ne l'ai jamais vue, & je n'ai jamais su si la Reine avoit une Chienne.

Précisément dans le même tems par une bizarrerie ordinaire de la fortune, le plus beau Cheval de l'écurie du Roi s'étoit échapé des mains d'un Palfrenier dans les Plaines de Babylone. Le grand Veneur & tous les Officiers courroient après avec autant d'inquiétude que le premier Eunuque après sa Chienne. Le grand Veneur s'adressa à Memnon & lui demanda s'il n'avoit

voit point vu pâsser le Cheval du Roi ; c'est répondit Memnon le Cheval du monde qui galope le mieux ; il a cinq piés de haut , le sabot fort petit ; il porte une queue de trois piés & demi de long ; les bossettes de son mords sont d'or à vingt trois carats ; ses fers sont d'argent à onze deniers. Quel chemin a-t-il pris ? où est-il, demanda le grand Veneur ? Je ne l'ai point vu, répondit Memnon, & je n'en ai jamais entendu parler. Le grand Veneur & le premier Eunuque ne douterent pas que Memnon n'eût volé le Cheval du Roi & la Chienne de la Reine, Ils le firent conduire devant l'Assemblée du grand Desturham, qui le condamna au Knout & à paſſer le reſte de ſes jours en Sibérie. A peine ce jugement fut-il rendu qu'on retrouva le Cheval & la Chienne. Les Juges furent dans la douloureuſe néceſſité de réformer leur arrêt, mais ils condamnerent Memnon à payer quatre cent onces d'or pour avoir dit qu'il n'avoit point vu ce qu'il avoit vu ; il fallut d'abord payer cette amende ; après quoi il fut permis à Memnon de plaider ſa cauſe ; il parla ainſi au Conſeil du Grand Deſturham. Etoiles de Juſtice, abîmes de Sciences, Miroirs de Vérité, qui avez la peſanteur du plomb, la dureté du fer, l'éclat du diamant & beaucoup d'affinifinité avec l'or, puiſqu'il m'eſt permis de parler devant cette auguſte Aſſemblée, je vous jure par Oroſmade que je n'ai jamais vu la Chienne reſpectable de la Reine, ni le Cheval ſacré du Roi des Rois. Voici ce qui m'eſt arrivé; je me promenois vers le petit Bois où j'ai rencontré depuis le vénérable Eunuque & le tres Illuſtre grand Veneur; j'ai vu ſur le ſable les traces d'un animal, & j'ai jugé aiſément que c'étoit celles d'un petit Chien: des ſillons legers & longs imprimés ſur de petites éminences entre les traces des pattes m'ont fait connoître que c'étoit une Chienne dont les mamelles étoient pendantes, & qu'ainſi

 elle

elle avoit fait des petits il y a peu de jours ; d'autres traces en un ſens différent qui paroiſſoient avoir toujours raſé la ſurface du ſable à côté des pattes de devant, m'ont apris qu'elle avoit les Oreilles tres longues, & comme j'ai remarqué que le ſable étoit toujours moins creuſé par une patte que par les trois autres, j'ai compris que la Chienne de notre auguſte Reine étoit un peu boiteuſe, ſi je l'oſe dire.

A l'égard du Cheval du Roi des Rois vous ſaurez qu'en me promenant dans les routes de ce bois j'ai apperçu les marques des fers d'un cheval : elles étoient toutes à égales diſtances. Voilà, ai-je dit,

dit, un Cheval qui a un galop parfait. Dans une route tres étroite d'arbres la poussiere étoit un peu élevée à droite & à gauche, à un pié & trois quarts du milieu de la route: ce Cheval, ai-je dit, a une queue de trois piés & demi, qui par ses mouvemens de droite & de gauche a balayé cette poussiere. J'ai vu sous les arbres qui formoient un Berceau de cinq piés de haut, les feuilles des branches nouvellement tombées; & j'ai connu que ce Cheval les avoit fait tomber en courant, & qu'ainsi il avoit cinq piés de haut. Quant à son mords il doit être d'or à vingt trois carats, car il en a froté les bossettes contre une pierre que j'ai

 re-

reconnue être une pierre de touche, & dont j'ai fait l'essai. J'ai jugé enfin par les marques que ces fers ont imprimées sur des cailloux d'une autre espéce qu'il étoit ferré d'argent à onze deniers de fin.

Tous les Juges admirerent le profond & subtil discernement de Memnon. La nouvelle en vint jusqu'au Roi, & à la Reine; on ne parloit que de Memnon dans les Antichambres, dans la Chambre, & dans le Cabinet; & quoique plusieurs Mages opinassent qu'on devoit le brûler comme Sorcier, le Roi ordonna qu'on lui rendît l'amende des quatre cent onces d'or, à laquelle il avoit été con-

condamné. Le Greffier, les Huissiers, les Procureurs vinrent chez lui en grand apareil lui rendre ses quatre cent onces, ils en retirerent seulement trois cent quatre vingt dix huit pour les frais de justice ; & leurs Valets demanderent des Honoraires. Memnon vit combien il étoit dangereux quelquefois d'être trop Savant, & se promit bien à la premiere occasion de ne point dire ce qu'il avoit vu.

Cette occasion se trouva bientôt. Un prisonnier d'Etat s'échapa, il passa sous les fenêtres de sa maison. On interrogea Memnon : il ne répondit rien, mais on lui prouva qu'il avoit regardé par la

fenê-

fenêtre; il fut condamné pour ce crime à cinq cent onces d'or; & il remercia ſes juges de leur Indulgence ſelon la coutume de Babylone. Grand Dieu, dit-il en lui-même, qu'on eſt à plaindre quand on ſe promene dans un bois où la Chienne de la Reine & le Cheval du Roi ont paſſé! Qu'il eſt dangereux de ſe mettre à la fenêtre! & qu'il eſt difficile d'être heureux dans cette vie!

CHA-

CHAPITRE IV.

MEmnon, voulut se consoler par la Philosophie & par l'amitié, des maux que lui avoit faits la Fortune. Il avoit dans un fauxbourg de Babylone une maison ornée avec goût, où il rassembloit tous les arts & tous les plaisirs dignes d'un honnête homme. Le matin sa Biblioteque étoit ouverte à tous les Savans. Le soir sa table l'étoit à la bonne Compagnie; mais il connut bientôt combien les savans sont dangereux, il s'éleva une grande dispute sur une loi de Zoroastre qui défendoit de manger

du

du Griffon. Comment défendre le Griffon, disoient les uns, si cet animal n'existe pas? Il faut bien qu'il existe, disoient les autres, puisque Zoroastre ne veut pas qu'on en mange. Memnon voulut les accorder en leur disant *s'il y a des Grifons n'en mangeons point, s'il n'y en a point, nous en mangerons encore moins, & parlà nous obéirons tous à Zoroastre.*

Un savant qui avoit composé treize Volumes sur les propriétés du Grifon, lui fit une affaire très sérieuse dont il ne se tira que par le crédit d'un Mage qui étoit frere de son ami Cador.

De ce jour, il préféra la bonne Compagnie aux savans. Il rassemsembloit chez lui les plus honnêtes gens de Babylone & les Dames les plus aimables, il donnoit des Soupés délicats souvent précédés de Concerts, & animés par des conversations charmantes dont il avoit su bannir l'empressement de montrer de l'esprit qui est la plus sûre maniere de n'en point avoir, & de gâter la société la plus brillante; ni le choix de ses amis, ni celui des mets n'étoit fait par la Vanité; car en tout il préferoit l'être au paroître; & par là il s'attiroit la considération véritable à laquelle il ne prétendoit pas.

Vis à vis sa maison demeuroit Arimaze personnage rempli d'Orgeuil, qui n'ayant pu réussir dans le le monde s'en vengeoit par en médire. Tout riche qu'il étoit il avoit de la peine à rassembler chez lui des Flateurs; le bruit des chars qui entroient le soir chez Memnon l'importunoit; le bruit de ses Louanges l'irritoit davantage. Il alloit quelquefois chez Memnon & se mettoit à table sans être prié; il y corrompoit toute la joie de la société, comme on dit que les harpies infectent les viandes qu'elles touchent. Il lui arriva un jour de vouloir donner une fête à une Dame qui au lieu de la recevoir alla souper chez Memnon. Un autre jour causant avec lui dans le Palais ils aborderent un Ministre qui pria Memnon à soupé, & ne pria

pria point Arimaze: les plus implacables haines n'ont pas ſouvent des fondemens plus importans. Cet homme qu'on appelloit *l'Envieux* dans Babylone, voulut perdre Memnon par ce qu'on l'appelloit *l'Heureux*. L'occaſion de faire du mal ſe trouve cent fois par jour, & celle de faire du bien une fois dans l'année comme dit Zoroaſtre; L'Envieux alla chez Memnon qui ſe promenoit dans ſes jardins avec deux amis & une Dame, à laquelle il diſoit ſouvent des choſes galantes ſans autre intention que celle de les dire. La converſation rouloit ſur une guerre que le Roi venoit de terminer heureuſement contre le Prince

 d'Hird'Hircanie ſon Vaſſal. Memnon qui avoit ſignalé ſon courage dans cette courte guerre, louoit beaucoup, le Roi & encore plus la Dame. Il prit ſes Tablettes & écrivit quatre Vers qu'il fit ſur le champ & qu'il donna à lire à cette belle perſonne. Ses amis le prierent de leur en faire part. La modeſtie ou plutôt un amour propre bien entendu l'en empêcha. Il ſavoit que des Vers impromptu ne ſont jamais bons que pour celle en l'honneur de qui ils ſont faits. Il briſa en deux la feuille des Tablettes ſur laquelle il venoit d'écrire & jetta les deux moitiés dans un buiſſon de Roſes, où on les chercha inutilement. Une petite pluie

pluie ſurvint. On regagna la maiſon. L'Envieux qui reſta dans le Jardin chercha tant qu'il trouva un morceau de la feuille. Elle avoit été tellement rompue que chaque moitié de Vers qui rempliſſoit la ligne, faiſoit un ſens & même un Vers d'une plus petite meſure ; mais par un hazard encore plus étrange ces petits Vers ſe trouvoient former un ſens qui contenoit les Injures les plus horribles contre le Roi. On y liſoit,

Par les plus grand forfaits,
Sur le Trône affermi ;
Dans la publique paix,
C'eſt le ſeul ennemi.

L'Envieux fut heureux pour la

premiere fois de sa vie, il avoit entre les mains de quoi perdre un homme vertueux & aimable. Plein de cette cruelle joie il fit parvenir jusqu'au Roi cette Satyre écrite de la main de Memnon. On le fit mettre en prison, lui, ses deux amis, & la Dame, son procès lui fut bientôt fait sans qu'on daignât l'entendre. Lorsqu'il vint recevoir sa Sentence, l'envieux se trouva sur son passage & lui dit tout haut que ses vers ne valoient rien. Memnon ne se piquoit pas d'être bon poëte; mais il étoit au desespoir d'être condamné comme criminel de Leze-Majesté & de voir qu'on retînt en prison une belle Dame & deux de ses Amis pour

un

un crime qu'il n'avoit pas commis. on ne lui permit pas de parler, par ce que ſes Tablettes parloient. Telle étoit la loi de Babylone. On le fit donc aller au Suplice à travers une foule de Curieux dont aucun n'oſoit le plaindre & qui ſe précipitoient pour examiner ſon viſage & pour voir s'il mourroit avec bonne grace. Les parens ſeulement étoient affligés; car ils n'héritoient pas: les trois quarts de ſon bien étoient confiſqués au profit du Roi, & l'autre quatre au profit de l'Envieux.

Dans le tems qu'il ſe préparoit à la mort, le perroquet du Roi s'envola de ſon balcon & s'abatit dans le jardin de Memnon ſur un

Buiſſon de roſes ; une Pêche y avoit été portée d'un arbre voiſin par le vent, & étoit tombée ſur un morceau de Tablettes à écrire, auquel elle s'étoit colée ; L'Oiſeau emporta la Pêche & la Tablette & les laiſſa tomber ſur les genoux du Monarque. Le Prince Curieux y lut des mots qui ne formoient aucun ſens & qui paroisſoient des fins de Vers.

Il aimoit la poëſie ; l'avanture de ſon perroquet le fit rêver. La Reine qui ſe ſouvenoit de ce qui avoit été écrit ſur une piéce de la Tablette de Memnon ſe la fit apporter. On confronta les deux morceaux qui s'ajuſtoient enſemble parfaitement : on lut alors les Vers

tels

tels que Memnon les avoit faits.

Par les plus grands forfaits j'ai vu troubler la Terre.
Sur le Trône affermi le Roi ſait tout dompter.
Dans la publique paix l'amour ſeul fait la guerre;
C'eſt le ſeul ennemi qui ſoit à redouter.

Le Roi ordonna auſſitôt qu'on fît revenir Memnon devant lui, & qu'on fît ſortir de priſon ſes deux amis & la belle Dame. Memnon ſe jetta le viſage contre terre aux piés du Roi & de la Reine & demanda tres humblement pardon d'avoir fait de mauvais Vers: il parla avec tant de grace d'eſprit & de raiſon, que le Roi & la Reine voulurent le revoir; Il revint &

plut encore davantage. On lui donna tous les biens de l'*Envieux* qui l'avoit injustement accusé ; mais Memnon les rendit tous, & l'Envieux ne fut touché que du plaisir de ne pas perdre son bien ; l'estime du Roi s'acrut de jour en jour pour Memnon ; il le mettoit de tous ses plaisirs & le consultoit dans toutes ses affaires.

CHAPITRE. V.

LE tems arriva où l'on célébroit une grande fête qui revenoit tous les cinq ans. C'étoit la coutume à Babylone de déclarer solemnellement au bout de cinq années celui des Citoyens qui avoit fait

fait l'action la plus généreuse ; les Grands & les Mages étoient les Juges. Le premier Satrape chargé du soin de la Ville exposoit les plus belles actions, qui s'étoient passées sous son Gouvernement ; on alloit aux voix ; le Roi prononçoit le jugement ; on venoit à cette solemnité des extrémités de la terre ; le Vainqueur recevoit des mains du Monarque une coupe d'or garnie de pierreries, & le Roi lui disoit ces paroles, *recevez ce prix de la générosité, & puissent les Dieux me donner beaucoup de Sujets qui vous ressemblent !*

Ce jour mémorable venu, le Roi parut sur son Trône, environné des Grands, des Mages &

des Députés de toutes les nations qui venoient à ces jeux où la gloire s'acquéroit, non par la légereté des chevaux, non par la force du corps, mais par la vertu. Le premier Satrape raporta à haute voix les actions qui pouvoient mériter à leurs auteurs ce prix inestimable, il ne parla point de la grandeur d'ame avec laquelle Memnon avoit rendu à l'*Envieux* toute sa fortune. Ce n'étoit pas une action qui méritât de disputer le prix.

Il présenta d'abord un Juge qui ayant fait perdre un procès considérable à un citoyen par une méprise dont il n'étoit pas même responsable, lui avoit donné tout son

bien

bien qui étoit la valeur de ce que l'autre avoit perdu.

Il produisit ensuite un jeune homme qui étant éperdûment épris d'une fille qu'il alloit épouser, l'avoit cédée à un ami près d'expirer d'amour pour elle & qui avoit encore payé la dote en cédant la fille; ensuite il fit paroître un soldat qui dans la guerre d'Hircanie avoit donné encore un autre exemple de générosité. Des Soldats ennemis lui enlevoient sa maîtresse, & il la deffendoit contre deux. On vint lui dire que d'autres Hircaniens enlevoient sa Mere à quelque pas de là. Il quitta en pleurant sa maîtresse, & courut délivrer sa mere, il retourna na enſuitte vers celle qu'il aimoit, & la trouva expirante; il voulut ſe tuer; ſa mere lui remontra qu'elle n'avoit que lui pour tout ſecours & il eut le courage de ſouffrir la vie. Les Juges penchoient pour ce ſoldat; le Roi prit la parole, & dit, *ſon action & celles des deux autres ſont belles, mais elles ne m'étonnent point; j'avois diſgracié depuis quelques jours mon Miniſtre & mon favori Coreb; je me plaignois de lui avec violence, & tous mes courtiſans m'aſſuroient que j'étois trop doux: c'étoit à qui me diroit le plus de mal de Coreb; je demandai à Memnon ce qu'il en penſoit & il oſa en dire du bien*; j'avoüe que j'ai *vu dans nos hiſtoires des exemples qu'on a payé*

de

de son bien une Erreur ; qu'on a cédé sa Maîtresse ; qu'on a préféré une mere à l'objet de son amour ; mais je n'ai jamais lu qu'un Courtisan ait parlé avantageusement d'un Ministre disgracié contre qui son Souverain étoit en colere. Je donne vingt mille piéces d'or à chacun de ceux dont on vient de réciter les actions généreuses, mais je donne la Coupe à Memnon. Sire, lui dit-il, *c'est Votre Majesté seule qui mérite la Coupe. C'est elle qui a fait l'action la plus inouïe, puisqu'étant Roi vous ne vous êtes point fâché contre votre Esclave, lorsqu'il contredisoit votre passion.*

On admira le Roi & Memnon. Le Juge qui avoit donné son bien ; L'Amant qui avoit marié sa maî-

maîtreſſe à ſon ami ; le Soldat qui avoit préféré le Salut de ſa Mere à celui de ſa maîtreſſe, reçurent les Préſents du Monarque ; ils virent leurs noms écrits dans le livre des Généreux. Memnon eut la Coupe, le Roi acquit la réputation d'un bon Prince, qu'il ne garda pas longtems. Ce jour fut conſacré par des fêtes plus longues que la Loy ne les portoit, & la mémoire s'en conſerve encore dans l'Aſie.

CHA-

CHAPITRE VI.

MEmnon tout jeune qu'il étoit fut établi Juge ſuprême de tous les Tribunaux de l'Empire, il remplit ce poſte comme un homme à qui Dieu avoit donné la Science & la Juſtice. C'eſt de lui que les nations tiennent ce grand principe qu'il vaut mieux hazarder de ſauver un Coupable, que de condamner un Innocent; il croyoit que les Loix étoient faites pour ſecourir les Citoyens autant que pour les intimider; ſon principal talent étoit de démêler la Vérité que tous les hommes cherchent à obſcurcir; dès les premiers jours de de ſon adminiſtration, il mit ce grand talent en uſage. Un fameux Négociant de Babylone étoit mort aux Indes; il avoit fait ſes Héritiers ſes deux Fils par portions égales, après avoir marié leur ſoeur, & il faiſoit un préſent de trente mille piéces d'or à celui de ſes deux fils qui ſeroit jugé l'aimer davantage; l'aîné lui bâtit un Tombeau; le ſecond augmenta d'une partie de ſon héritage la dot de la ſoeur. Chacun diſoit, c'eſt l'aîné qui aime le mieux ſon pere, le cadet aime mieux ſa ſoeur; c'eſt à l'aîné qu'appartiennent les trente mille piéces.

Memnon les fit venir tous deux l'un après l'autre, il dit au premier

mier, votre pere n'eſt point mort; il eſt guéri de ſa derniere maladie; il revient à Babylone; Dieu ſoit loué répondit le jeune homme, mais voilà un Tombeau qui m'a couté bien cher; Memnon dit enſuite la même choſe au ſecond; Dieu ſoit loué, répondit-il, je vais rendre à mon Pere tout ce que j'ai, mais je voudrois qu'il laiſſât à ma ſœur ce que je lui ai donné.

Vous ne rendrez rien, dit Memnon, & vous aurez les trente mille piéces, c'eſt vous qui aimez le mieux votre Pere.

Quelque tems après on lui amena un homme juridiquement convaincu d'avoir commis un meurtre ſix ans auparavant. Deux témoins dépoſoient l'avoir vu ; ils indiquoient le lieu, le jour, & l'heure, ils ne s'étoient point coupés dans leurs Interrogatoires. L'Accuſé avoit été l'ennemi déclaré du mort. Pluſieurs perſonnes l'avoient vu paſſer armé dans le chemin où l'Aſſaſſinat avoit été commis ; jamais preuves n'avoient été plus fortes ; & cependant cet homme proteſtoit de ſon innocence avec cet air de Vérité qui peut balancer les preuves mêmes aux yeux d'un Juge éclairé ; mais il pouvoit exciter la pitié & non éviter la condamnation ; il ne ſe plaignoit point de ſes Juges ; il accuſoit ſeulement ſa deſtinée, & il étoit réſigné à la mort. Memnon s'attentendrit sur lui & entreprit, de découvrir la vérité; il se fit amener les deux Dénonciateurs l'un après l'autre. Il dit au premier, je sais mon ami que vous êtes un homme de bien & un Témoin irréprochable: Vous avez rendu un grand service à la Patrie en découvrant l'auteur du meurtre qui fut commis il y a six ans en hiver au tems du Solstice à sept heures du soir aux yeux même du Soleil: Monseigneur lui répondit l'Accusateur, je ne sais pas ce que c'est que le Solstice, mais c'étoit le troisieme jour de la semaine & il faisoit encore un tres beau soleil; allez en paix, lui dit Memnon, & soyez toujours homme de bien.

Enſuite il fit venir l'autre témoin & lui dit ; que la vertu vous accompagne, dans toutes vos voyes ; vous avez rendu gloire à la Vérité ; & vous méritez des récompenſes pour avoir convaincu, un Citoyen d'un meurtre abominable qui fut commis il y a ſix ans aux rayons ſacrés de la pleine Lune, dans le tems qu'elle étoit dans le même ſigne & dans le même degré que le Soleil. Monſeigneur, répondit l'Accuſateur je ne connois ni les ſignes ni les degrés ; mais il faiſoit alors la plus belle pleine Lune du monde. Alors Memnon fit revenir le premier témoin & leur dit à tous deux, vous êtes des Scélérats, qui avez porté

faux

faux témoignage contre un innocent, l'un assûre que le meurtre a été fait à sept heures avant que le Soleil fût sous l'horison, & ce jour-là il s'étoit couché avant six heures. L'autre affirme que le coup a été fait à la clarté de la pleine Lune & ce jour-là il n'y avoit point de Lune ; vous serez tous deux pendus pour avoir été faux témoins & mauvais Astronomes.

Memnon rendoit tout les jours de pareils arrêts qui montroient la subtilité de son génie & la bonté de son ame. Il étoit adoré des peuples & chéri du Roi. Les premieres traverses de sa vie donnoient encore un nouveau prix à ſa félicité préſente; mais toutes les nuits il avoit un ſonge qui lui faiſoit quelque peine. Il lui ſembloit qu'il étoit couché d'abord ſur des herbes parmi leſquelles il y en avoit quelques unes de piquantes qui l'incommodoient; & qu'enſuite, il repoſoit mollement ſur un lit de roſes dont il ſortoit un Serpent qui le bleſſoit au cœur de ſa langue acérée & envenimée; Hélas, diſoit-il, j'ai été longtems couché ſur ces herbes ſéches & piquantes; je ſuis maintenant ſur un lit de roſes; mais quel ſera le Serpent?

CHA-

CHAPITRE VII.

LE malheur de Memnon vint de ſon bonheur même, & ſurtout de ſon mérite. Il avoit tous les jours des entretiens avec le Roi & avec Aſtarté ſon auguſte Epouſe. Les charmes de ſa converſation redoubloient encore par cette envie de plaire qui eſt à l'Eſprit ce que la parure eſt à la Beauté; ſa jeuneſſe & ſes graces firent inſenſiblement ſur Aſtarté une impreſſion dont elle ne s'apperçut pas d'abord. Sa paſſion croiſſoit dans le ſein de l'Innocence. Aſtarté ſe livroit ſans ſcrupule & ſans crainte au plaiſir de voir & d'entendre un homme cher à ſon Epoux & à l'Etat. Elle ne ceſſoit de le vanter au Roi. Elle en parloit à ſes femmes qui enchériſſoient encore ſur ſes louanges : tout ſervoit à enfoncer dans ſon cœur le trait qu'elle ne ſentoit pas : elle faiſoit des préſens à Memnon dans leſquels il entroit plus de galanterie qu'elle ne penſoit; elle croyoit ne lui parler qu'en Reine contente de ſes ſervices, & quelquefois ſes expreſſions étoient d'une femme ſenſible.

Aſtarté étoit beaucoup plus belle que cette Sémire qui haïſſoit tous les Borgnes, & que cette autre femme qui avoit voulu couper le nez à ſon Epoux. La familiarité d'Aſtarté, ſes diſcours tendres dont elle commençoit à rougir

gir, ſes regards qu'elle vouloit détourner & qui ſe fixoient ſur les ſiens allumoient dans le cœur de Memnon un feu dont il s'étonna; Il en fut effrayé. Il apella à ſon ſecours la Philoſophie qui l'avoit toujours ſecouru, il n'en tira que des lumieres & n'en reçut aucun ſoulagement.

Le Devoir la Reconnoiſſance, la Majeſté Souveraine violée ſe préſentoient à ſes yeux comme des Dieux Vengeurs. Il combattoit, il triomphoit; mais cette victoire qu'il falloit remporter à tous momens lui coutoit des gémiſſemens & des larmes, il n'oſoit plus parler à la Reine avec cette douce liberté qui avoit eu tant de charmes pour tous deux ; sa langue hésitoit ; ses yeux se couvroient d'un nuage ; ses discours étoient contraints & sans suite ; il baissoit la vue, & quand malgré lui ses regards se tournoient vers Astarté, ils rencontroient ceux de la Reine mouillés de pleurs, dont il partoit des traits de flamme. Ils sembloient se dire l'un à l'autre nous nous adorons & nous craignons de nous aimer, nous brulons tous deux d'un feu que nous condamnons :

Memnon sortoit d'auprès d'elle, égaré, éperdu, le cœur surchargé d'un fardeau qu'il ne pouvoit plus porter. Dans la violence de ces agitations, il laissa pénétrer son secret à son ami Cador, comme me un homme qui ayant ſoutenu longtems les atteintes d'une vive douleur fait enfin connoître ſon mal par un cri qu'un redoublement aigu lui arrache, & par la ſueur froide qui coule ſur ſon front;

Cador lui dit, j'ai déjà démêlé les ſentimens que vous vouliez vous cacher à vous même; les Paſſions ont des ſignes auxquels on ne peut ſe méprendre, jugez, ô mon cher Memnon, puiſque j'ai lu dans votre cœur, ſi le Roi n'y découvrira pas un ſentiment qui l'offenſe. Vous réſiſtez à votre paſſion avec plus de force que la Reine ne combat la ſienne, par ce que vous êtes Philoſophe & par ce que vous êtes Memnon. Aſtar-

té

té eſt femme; elle laiſſe parler ſes regards avec d'autant plus d'imprudence, qu'elle ne ſe croit pas encore coupable. Malheureuſement raſſurée ſur ſon innocence elle néglige des dehors qui la perdront; ſi vous étiez d'accord l'un & l'autre, vous ſauriez tromper tous les yeux; une paſſion naiſſante & combattue éclate. Un amour ſatisfait ſait ſe cacher. Memnon frémit à la propoſition de trahir le Roi ſon Bienfaiteur, & jamais il ne fut plus fidéle à ſon Prince que quand il fut coupable envers lui d'un crime involontaire.

Cependant la Reine prononçoit ſi ſouvent le nom de Memnon, & ſon front ſe couvroit de tant de

rou-

rougeurs en le prononçant ; elle étoit tantôt ſi animée., tantôt ſi interdite quand elle lui parloit en préſence du Roi. Une Rêverie ſi profonde s'emparoit tellement d'elle quand il étoit ſorti que le Roi fut jaloux. Il crut tout ce qu'il voyoit, & remarquoit tout ce qu'il ne voyoit point. Il remarqua ſur l'habit de la Reine des Diamants que Memnon avoit pris la liberté de lui préſenter en préſence du Roi même, & avec ſa permiſſion. Il oublia que ces Diamants avoient été l'hommage reſpectueux d'un Sujet ; il n'y vit qu'un gage d'un amour téméraire ; les ſoupçons ſe tournerent en certitude dans ſon eſprit aigri.

Tous les Eſclaves des Rois &

des

des Reines ſont autant d'Eſpions de leur Cœur. On pénétra bientôt qu'Aſtarté étoit tendre & que Moabdar étoit jaloux. L'Envieux qui ne s'étoit point corrigé par ce que le caillou ne ſe ramolit pas & que les animaux venimeux conſervent toujours leur poiſon, l'Envieux, dis-je, écrivit à Moabdar une Lettre anonime, recours infame des eſprits pervers qui eſt eſt toujours mépriſé mais qui cette fois porta coup car cette Lettre ſecondoit les ſentimens funeſtes qui déchiroient le cœur du Prince.

Enfin Moabdar ne ſongea plus qu'à la maniere de ſe venger; il réſolut une nuit d'empoiſonner la Rei-

Reine & de faire mourir Memnon par le Cordeau au point du jour. L'Ordre en fut donné pendant la nuit à un impitoyable Eunuque exécuteur de ses vengeances. Il y avoit alors dans la chambre du Roi, un petit Nain qui étoit muet, mais qui n'étoit pas sourd; on le souffroit toujours; Il étoit témoin de ce qui se passoit de plus secret comme un animal domestique. Ce petit muet étoit très attaché à la Reine, & à Memnon. Il entendit avec autant de surprise que d'horreur donner l'ordre de leur mort. Mais comment faire pour prévenir cet ordre effroyable qui alloit s'exécuter dans peu d'heures? Il ne savoit

pas

pas écrire, mais il avoit apris à peindre, & ſavoit ſurtout faire reſſembler; il paſſa une partie de la nuit à crayonner ce qu'il vouloit faire entendre à la Reine. Son deſſein repréſentoit le Roi agité de fureur dans un coin du tableau, donnant des ordres à ſon Eunuque, un Cordeau, & un Vaſe ſur une table, la Reine dans le milieu du tableau expirante entre les bras de ſes femmes & Memnon étranglé à ſes piés. L'Horiſon repréſentoit un Soleil levant pour marquer que cette horrible exécution devoit ſe faire aux premiers rayons de l'Aurore. Dès qu'il eut fini cet ouvrage, il courut chez une femme d'Aſtarté, la réveilla

&

& lui fit entendre qu'il falloit dans l'instant même porter à la Reine ce Tableau.

Cependant au milieu de la nuit, on vient frapper à la porte de Memnon. On le réveille, on lui donne un Billet de la Reine, il doute si c'est un songe. Il ouvre la Lettre d'une main tremblante. Quelle fut sa surprise! & qui pourroit exprimer la consternation & le désespoir dont il fut accablé quand il lut ces paroles, *fuyez dans l'instant même, on va vous arracher la vie, fuyez Memnon, je vous l'ordonne au nom d'un amour funeste que j'ai toujours combattu & que je vous avoue enfin sur le point de l'expier par ma mort; je n'étois point*

 con-

coupable, mais je ſens que je vais mourir criminelle.

Memnon eut à peine la force de parler, il ordonna qu'on fît venir Cador, & ſans lui rien dire, il lui donna ce Billet. Cador le força d'obéir, & de prendre ſur le champ la route de Memphis. Si vous oſez aller trouver la Reine, lui dit-il, vous hâtez ſa mort: ſi vous parlez au Roi, vous la perdez encore; je me charge de ſa deſtinée; ſuivez la vôtre, je répandrai le bruit que vous avez pris la route des Indes; je viendrai bientôt vous trouver, & je vous aprendrai ce qui ſe ſera paſſé à Babylone.

Cador dans le moment même

fit

fit placer deux Dromadaires des plus legers à la courſe vers une porte Secrete du Palais ; il fit monter Memnon qu'il fallut porter & qui étoit prêt de rendre l'ame ; un ſeul Domeſtique l'accompagna, & bientôt Cador plongé dans l'étonnement & dans la douleur perdit Memnon de vue.

Cet illuſtre fugitif, arrivé ſur le bord d'une coline dont on voyoit Babylone tourna la vue ſur le Palais de la Reine, & s'évanouit ; il ne reprit ſes ſens que pour verſer des larmes & pour ſouhaiter la mort ; enfin après s'être occupé de la deſtinée déplorable de la plus aimable des femmes & de la premiere Reine du monde, il fit un moment de retour fur lui même, & s'écria, qu'eft-ce donc que la vie humaine? O Vertu, à quoi m'avez vous fervi! deux femmes m'ont indignement trompé; la troifieme qui n'eft point coupable & qui eft plus belle que les autres, va mourir; tout ce que j'ai fait de bien a toujours été pour moi une fource de malédictions, & je n'ai été élevé au comble de la grandeur que pour tomber dans le plus horrible précipice de l'infortune; fi j'euffe été méchant comme tant d'autres je ferois heureux comme eux. Accablé de ces réflections funeftes, les yeux chargés du voile de la douleur, la pâleur de la mort fur

le

le visage, & l'ame abîmée dans l'excès d'un sombre desespoir, il continuoit son voyage vers l'Egypte.

CHAPITRE VIII.

MEmnon dirigeoit sa route sur les Etoilles; la constellation d'Orion & le brillant astre de Sirius le guidoient vers le Pole de Canope; il admiroit ces vastes Globes de lumiere qui ne paroissent que des foibles étincelles à nos yeux tandis que la terre qui n'est en effet qu'un point imperceptible dans la Nature, paroît à notre cupidité quelque chose de si grand & de si noble. Il se figuroit alors les hommes, tels qu'ils ſont en effet, des Inſectes en petit nombre confondus avec d'autres Inſectes, & ſe dévorant les uns les autres ſur un petit atome de boue; cette Image vraie ſembloit anéantir ſes malheurs en lui retraçant le Néant de ſon Etre & celui de Babylone; ſon ame s'élançoit juſque dans l'infini, & contemploit, détachée de ſes ſens, l'ordre immuable de l'Univers; mais lorsqu'enſuite rendu à lui même, & rentrant dans ſon coeur, il penſoit qu'Aſtarté étoit morte pour lui, l'Univers diſparoiſſoit à ſes yeux, & il ne voyoit dans la Nature entiere qu'Aſtarté mourante & Memnon infortuné.

Com-

Comme il se livroit à ce flus & à ce reflus de philosophie sublime & de douleur accablante, il avançoit vers les frontieres de l'Egypte, & déjà son domestique fidéle étoit dans la premiere Bourgade où il lui cherchoit un logement. Memnon cependant se promenoit vers les jardins qui bordoient ce village; il vit non loin du grand chemin une femme éplorée qui appelloit le Ciel & la Terre à son secours, & un homme furieux qui la suivoit. Elle étoit déjà atteinte par lui; elle embrassoit ses genoux; cet homme l'accabloit de coups & de reproches. Memnon jugea à la violence de l'Egyptien & aux pardons réiterés que lui demandoit la Dame, que l'un étoit un jaloux & l'autre une infidéle. Mais quand il eut considéré cette femme qui étoit d'une beauté touchante & qui même ressembloit un peu à la malheureuse Astarté, il se sentit pénétré de compassion pour elle & d'horreur pour l'Egyptien. Secourez moi, s'écria-t-elle à Memnon avec des Sanglots, tirez moi des mains du plus barbare des hommes, sauvez moi la vie. A ces cris Memnon courut se jetter entre elle & ce barbare; il avoit quelque connoissance de la langue Egyptienne; il lui dit en cette langue si vous avez quelque humanité; je vous conjure de respecter

la

la beauté & la foibleſſe; pouvez-vous outrager ainſi un chef-d'oeuvre de la Nature qui eſt à vos piés & qui n'a pour ſa défenſe que des larmes? Ah ah! lui dit cet emporté; tu l'aimes donc auſſi; & c'eſt de toi qu'il faut que je me venge. En diſant ces paroles il laiſſe la Dame qu'il tenoit d'une main par les cheveux & prenant ſa lance il veut en percer Memnon. Celui-ci qui étoit de ſang froid évita aiſément le coup d'un furieux; il ſe ſaiſit de la lance près du fer dont elle eſt armée: l'un veut la retirer, l'autre l'arracher: elle ſe briſe entre leurs mains: l'Egyptien tire ſon Epée: Memnon s'arme de la ſienne: ils s'attaquent l'un & l'autre. Celui-ci porte cent coups précipités avec fureur, celui-là les pare avec adresse. La Dame assise sur un gazon rajuste sa coiffure & les regarde.

L'Egyptien étoit plus robuste que son adversaire ; Memnon plus adroit. Celui-ci se battoit en homme dont la tête conduisoit le bras : Celui-là comme un emporté dont une colere aveugle laissoit aller les mouvemens au hazard. Memnon passe à lui, & le desarme, & tandis que l'Egyptien devenu plus furieux veut se jetter sur lui, Memnon le saisit, le presse, le fait tomber & lui tenant l'épée sur la poitrine il lui offre de lui donner la vie. L'Egyptien hors de lui tire

son

ſon poignard, il en bleſſe Memnon dans le tems même que le vainqueur lui pardonnoit. Memnon indigné lui plonge ſon Epée dans le ſein, l'Egyptien jette un cri horrible & meurt en ſe debattant.

Memnon alors s'avança vers la Dame & lui dit, d'une voix ſoumiſe, il m'a forcé de le tuer, je vous ai vengée, vous êtes délivrée de l'homme le plus violent que j'aie jamais vu. Que voulez vous maintenant de moi Madame? que tu meures, Scélérat, lui répondit-elle, que tu meures; tu as tué mon Amant; je voudrois pouvoir déchirer ton cœur. En vérité, Madame, vous aviez là un étrange homme me pour Amant, lui répondit Memnon; il vous battoit de toutes ſes forces, & il vouloit m'arracher la vie, par ce que vous m'avez conjuré de vous ſecourir. Je voudrois qu'il me battît encore, reprit la Dame en pouſſant des cris; je le méritois bien; je lui avois donné de la jalouſie; plût au Ciel qu'il me battît & que tu fuſſes à ſa place! Memnon plus ſurpris & plus en colere qu'il ne l'avoit été de ſa vie, lui dit, Madame, toute belle que vous êtes vous mériteriez que je vous battiſſe à mon tour, tant vous êtes extravagante, mais je n'en prendrai pas la peine. Là deſſus il remonta ſur ſon chameau & avança vers le Bourg.

A peine avoit-il fait quelques pas qu'il ſe retourne au bruit que faiſoient quatre couriers de Babylone, ils venoient à toute bride. L'un d'eux en voyant cette femme s'écria, c'eſt elle même, elle reſſemble au portrait qu'on nous en a fait; ils ne s'embarraſſerent pas du Mort & ſe ſaiſirent incontinent de la Dame: elle ne ceſſoit de crier à Memnon, ſecourez moi encore une fois, Etranger généreux, je vous demande pardon de m'être plainte de vous, ſecourez moi, & je ſuis à vous juſqu'au tombeau. L'envie avoit paſſé à Memnon de ſe battre deſormais pour elle; à d'autres, répondit-il, vous ne m'y ratraprez plus;

plus; & d'ailleurs il étoit bleſſé; ſon ſang couloit; il avoit beſoin de ſecours, & la vue des quatre Babyloniens probablement envoyés par le Roi Moabdar le rempliſſoit d'inquiétude. Il s'avance en hâte vers le village n'imaginant pas pourquoi quatre couriers de Babylone venoient de prendre cette Egyptienne, mais encore plus étonné du caractere de cette Dame.

CHA-

CHAPITRE IX.

COmme il entroit dans la Bourgade Egyptienne il ſe vit entouré par le peuple, chacun crioit, voilà celui qui enleve la belle Mariée & qui vient d'aſſaſſiner Clétoſis. Meſſieurs, dit-il, Dieu me préſerve d'enlever jamais votre belle Mariée, elle eſt trop capricieuſe, & à l'égard de Clétoſis je ne l'ai point aſſaſſiné, je me ſuis défendu ſeulement contre lui; Il vouloit me tuer par ce que je lui avois humblement demandé grace, pour la belle Mariée qu'il battoit impitoyablement; je ſuis un étranger qui viens chercher un azile dans

dans l'Egypte, & il n'y a pas d'apparence qu'en venant demander votre protection, j'aie commencé par enlever une femme & par assassiner un homme.

Les Egyptiens étoient alors justes & humains, le peuple conduisit Memnon à la maison de ville; on commença par le faire penser de sa blessure, & ensuite on l'interrogea lui & son Domestique séparément pour savoir la Vérité; on reconnut que Memnon n'étoit point un Assassin; mais il étoit coupable du sang d'un homme. La Loi le condamnoit à être esclave. On vendit au profit de la Bourgade ses deux chameaux; on distribua aux habitans tout l'or qu'il a-

voit

voit aporté; à l'égard de sa personne elle fut exposée en vente dans la place publique, ainsi que celle de son compagnon de voyage. Un Marchand Arabe, nommé Sétoc y mit l'enchere; mais le Valet plus propre à la fatigue fut vendu bien plus cherement que le Maître. On ne faisoit pas de comparaison entre ces deux hommes. Memnon fut donc Esclave subordonné à son valet; on les attacha ensemble avec une chaîne, qu'on leur passa aux piés. En cet état ils suivirent le marchand Arabe dans sa maison. Memnon en chemin consoloit son Domestique & l'exhortoit à la patience, mais selon sa coutume il faisoit des réflections sur la vie humaine ; je vois, disoit-il, que les malheurs de ma destinée se répandent sur la tienne ; tout m'a tourné jusqu'ici d'une maniere bien étrange ; j'ai été condamné à la mort dans Babylone, par ce que j'avois fait des vers à la louange du Roi ; j'ai été sur le point d'être étranglé, par ce que la Reine m'a parlé avec bonté, & me voici esclave avec toi, par ce qu'un Brutal a battu sa Maîtresse ; allons, ne perdons point courage, tout ceci finira peutêtre ; il faut bien que les Marchands Arabes aient des esclaves & pourquoi ne le serai-je pas comme un autre ? ce Marchand ne sera pas impitoyable ; il faut qu'il traite bien ses esclaves,

ves, s'il veut en tirer des services. Il parloit ainsi, & dans le fond de son coeur il étoit dévoré de son amour, & pénétré d'une mortelle crainte sur la destinée de la Reine de Babylone.

Sétoc le marchand partit deux jours après pour l'Arabie déserte avec ses esclaves & ses chameaux; sa Tribu habitoit vers le désert d'Oreb: le chemin fut long & pénible. Sétoc dans la route faisoit bien plus de cas du valet de Memnon que du maître, par ce que le premier chargeoit bien mieux les chameaux; & toutes les petites distinctions furent pour lui.

Un chameau mourut à deux journées d'Oreb. On répartit une

petite partie de sa charge sur le dos des Serviteurs. Memnon en eut sa part. Sétoc se mit à rire en voyant tous ces esclaves marcher courbés ; Memnon prit la liberté de lui en expliquer la raison & lui aprit les loix de l'Equilibre ; le marchand étonné commença à le regarder d'un autre oeil. Memnon voyant qu'il avoit excité sa curiosité, la redoubla en lui aprenant beaucoup de choses qui n'étoient point étrangeres à son commerce ; les pesanteurs spécifiques des métaux & des denrées sous un volume égal, les propriétés de plusieurs animaux utiles, le moyen de rendre tels ceux qui ne l'étoient pas : enfin il lui parut un sage.

Sé-

Sétoc lui donna la préférence sur son camarade, qu'il avoit tant estimé; il le traita bien & n'eut pas sujet de s'en repentir.

Arrivé dans sa Tribu, Sétoc commença par redemander cinq cent onces d'argent à un Hébreu auquel il les avoit prétés en présence de deux témoins; mais ces deux témoins étoient morts & l'Hébreu ne pouvant être convaincu s'aproprioit l'argent du marchand en remerciant Dieu de ce qu'il lui avoit donné le moyen de tromper un Arabe. Sétoc confia sa peine à Memnon qui étoit devenu son conseil; en quel endroit, lui demanda Memnon, prétâtes-vous vos cinq cent onces à cet Infidele? Sur une large pierre, répondit le marchand, qui est auprès du Mont Oreb. Quel est le caractere de votre débiteur, dit Memnon? Celui d'un fripon, reprit Sétoc. Mais je vous demande si c'est un homme vif ou flegmatique, avisé ou imprudent? C'est de tous les mauvais payeurs, dit Sétoc, le plus vif que je connoisse. Eh bien, insista Memnon, permettez que je plaide votre cause devant le Juge. En effet il cita l'Hébreu au Tribunal, & il parla ainsi au Juge; Oreiller du trône d'équité, je viens redemander à cet homme au nom de Sétoc mon maître cinq cent onces d'argent qu'il ne veut pas rendre. Avez-vous des témoins

moins dit le Juge ? Non ils sont morts mais il reste une large pierre sur laquelle l'argent fut compté ; & s'il plaît à Votre Grandeur d'ordonner qu'on aille chercher la pierre, j'espere qu'elle portera témoignage ; nous resterons ici l'Hébreu & moi, en attendant que la pierre vienne ; je l'enverrai chercher aux dépens de Sétoc mon Maître. Tres volontiers, répondit le Juge ; & il se mit à expédier d'autres affaires ; à la fin de l'audience, eh bien dit-il à Memnon, votre pierre n'est pas encore venue? l'Hébreu en riant répondit, Votre Grandeur resteroit ici jusqu'à demain, que la pierre ne seroit pas encore arrivée, elle est à plus de ſix milles d'ici, & il faudroit quinze hommes pour la remuer. Eh bien, s'écria Memnon, je vous avois bien dit que la pierre porteroit témoignage, puisque cet homme ſait où elle eſt, il avoue donc que c'eſt ſur elle que l'argent fut compté. Le Débiteur pâlit, ſe coupa, fut convaincu. Le Juge ordonna que l'Hébreu ſeroit lié à la pierre ſans boire ni manger juſqu'à ce qu'il eût rendu les cinq cent onces qui furent bientôt payés. L'Eſclave Memnon & la Pierre furent en grande recommandation dans l'Arabie.

CHA-

CHAPITRE. X.

SEtoc enchanté fit de ſon Eſclave ſon ami intime ; il ne pouvoit pas plus ſe paſſer de lui qu'avoit fait le Roi de Babylone ; & Memnon fut heureux que Sétoc n'eut point de femme : il découvroit dans ſon Maître un naturel porté au bien, beaucoup de droiture & de bon ſens : il fut fâché de voir qu'il adoroit l'Armée Céleſte, c'eſt-à-dire, le Soleil, la Lune, & les Etoiles, ſelon l'ancien uſage de l'Arabie ; il lui en parloit quelquefois avec beaucoup de diſcrétion ; enfin, il lui dit que c'étoient des Corps comme les autres qui ne méritoient pas plus ſon homage qu'un Arbre ou un Rocher ; mais, diſoit Sétoc, ce ſont des Etres éternels dont nous tirons tous nos avantages ; ils animent la Nature ; ils reglent les Saiſons ; ils ſont d'ailleurs ſi loin de nous qu'on ne peut pas s'empêcher de les révérer. Vous recevez plus d'avantages, répondoit Memnon, des eaux de la Mer rouge qui porte vos marchandiſes aux Indes ; pourquoi ne ſeroit-elle pas auſſi ancienne que les Etoiles ? & ſi vous adorez ce qui eſt éloigné de vous, vous devez adorer la terre des Gangarides qui eſt aux extrémités du monde. Non diſoit Sétoc, les Etoiles ſont trop brillantes pour que je ne les adore pas.

Le

Le ſoir venu Memnon alluma un grand nombre de flambeaux dans la Tente où il devoit ſouper avec Sétoc ; & dès que ſon Patron parut il ſe jetta à genoux devant ces cires allumées, & leur dit, éternelles & brillantes clartés, ſoyez moi toujours propices. Ayant proféré ces paroles, il ſe mit à table ſans regarder Sétoc. Que faites vous donc lui dit Sétoc étonné ? Je fais comme vous, répondit Memnon, j'adore ces Chandelles, & je néglige leur Maître & le mien.

Sétoc comprit le ſens profond de cet Apologue ; la ſageſſe de ſon Eſclave entra dans ſon Ame ; il ne prodigua plus ſon encens aux Créa-

Créatures & adora l'Etre éternel qui les a faites.

Il y avoit alors dans l'Arabie une coutume affreuſe venue originairement de Scitie &, qui s'étant établie dans les Indes par le crédit des Bracmanes, menaçoit d'envahir tout l'Orient. Lorſqu'un homme marié étoit mort, & que ſa femme bien aimée vouloit être Sainte, elle ſe brûloit en public ſur le Corps de ſon Mari; c'étoit une fête ſolemnelle qui s'appelloit le Bûcher du veuvage: la Tribu dans laquelle il y avoit eu le plus de femmes brûlées étoit la plus conſidérée.

Un Arabe de la Tribu de Sétoc étant mort, ſa veuve qui étoit

fort

fort dévote, fit favoir le jour & l'heure où elle fe jetteroit dans le Bûcher au fon des tambours & des trompettes. Memnon remontra à Sétoc combien cette horrible Coutume étoit contraire au bien du genre humain; qu'on laiffoit brûler tous les jours des jeunes Veuves qui pouvoient donner des enfans à l'Etat, ou du moins élever les leurs; & il le fit convenir qu'il falloit, fi l'on pouvoit, abolir un ufage fi barbare. Sétoc répondit il y a plus de dix mille ans que les Femmes font en poffeffion de fe brûler; qui de nous ofera changer une loi que le tems a confacrée? y a-t-il rien de plus refpectable qu'un ancien abus? La Raifon ſon eſt plus ancienne, reprit Memnon, parlez aux Chefs des Tribus & je vais trouver la jeune veuve.

Il ſe fit préſenter à elle & après s'être inſinué dans ſon eſprit par des louanges ſur ſa beauté; après lui avoir dit combien c'étoit dommage de mettre au feu tant de charmes, il la loua encore ſur ſa conſtance & ſur ſon courage. Vous aimiez donc prodigieuſement votre mari, lui dit-il? Moi? Point du tout, répondit la Dame Arabe. C'étoit un brutal, un jaloux un homme inſuportable, mais je ſuis fermement réſolue de me jetter dans le Bûcher. Il faut, dit Memnon, qu'il y ait aparament un plaiſir bien délicieux à être brûlée

lée vive? Ah! cela fait frémir la Nature, dit la Dame, mais il faut en passer par là, je suis dévote, je serois perdue de réputation & tout le monde se moqueroit de moi si je ne me brûlois pas. Memnon l'ayant fait convenir qu'elle se brûloit par vanité, lui parla longtems d'une maniere à lui faire aimer un peu la vie & parvint même jusqu'à lui inspirer quelque inclination pour celui qui lui parloit. Que feriez vous enfin, lui dit-il, si la vanité de vous brûler ne vous tenoit pas? Hélas, reprit la Dame, je crois que je vous prierois de m'épouser;

Memnon étoit trop rempli de l'idée d'Astarté pour ne pas éluder

der cette déclaration, mais il alla dans l'inſtant trouver les Chefs des Tribus, leur dit ce qui s'étoit paſſé, & leur conſeilla de faire une loi par laquelle il ne ſeroit permis à aucune Dame de ſe brûler, qu'après avoir entretenu un jeune homme tête à tête pendant une heure entiere. Depuis ce tems aucune Dame ne ſe brûla en Arabie.

On eut au ſeul Memnon l'obligation d'avoir détruit en un jour une coutume ſi cruelle qui duroit depuis tant de ſiécles, mais comme la deſtinée de Memnon étoit que tout le bien qu'il faiſoit lui devînt funeſte, les Prêtres des Etoilles ſe déchaînerent contre lui. Les

Pier-

pierreries & les Ornemens des Dames qu'ils envoyoient au Bûcher leur apartenoient de droit, ils perdoient leurs plus beaux honoraires. C'étoit bien le moins qu'ils fissent brûler Memnon pour le mauvais tour qu'il leur avoit joué ; ils représenterent qu'il avoit des Sentimens erronés sur les Etoiles ; & il alloit être brûlé sans miséricorde au lieu de la Dame, si Sétoc son Maître n'avoit eu la bonté de le faire évader ; il le fit partir sécretement avec cet ancien domestique compagnon de son esclavage, & lui donna de l'argent pour se conduire ; ils se quitterent en pleurant en se jurant une amitié éternelle, & en se promettant que le premier des deux qui feroit une grande fortune, en feroit part à l'autre.

Memnon marcha du côté de la Sirie toujours penſant à la malheureuſe Aſtarté ; & toujours réfléchiſſant ſur le ſort qui s'obſtinoit à ſe jouer de lui & à le perſécuter, quoi, diſoit-il, quatre cent onces d'or pour avoir deviné que la Chienne de la Reine étoit une Epagneule boiteuſe, condamné à être décapité pour quatre mauvais vers à la louange du Roi ! prêt d'être étranglé par ce que la Reine m'a regardé ! réduit en eſclavage pour avoir ſecouru une femme qu'on battoit ; & ſur le point d'être brûlé pour avoir ſauvé la vie à toutes les jeunes Veuves Arabes.

CHA-

CHAPITRE XI.

EN arrivant aux frontieres qui séparent l'Arabie pétrée de la Sirie, comme il passoit près d'un Chateau assez fort, des Arabes armés en sortirent; il se vit entouré; on lui crioit, tout ce que vous avez nous apartient, & votre personne apartient à notre maître. Memnon pour réponse tira son épée; son valet qui avoit du courage en fit autant; il renverserent les premiers Arabes qui mirent la main sur eux. Le nombre redoubla. Ils ne s'étonnerent point & résolurent de périr en combattant. On voyoit deux hommes se défendre contre une multitude. Un tel combat ne pouvoit durer longtems. Le maître du Chateau nommé Arbogad ayant vu d'une fenêtre les prodiges de valeur que faisoit Memnon, conçut de l'estime pour lui; il descendit en hâte & vint lui même écarter ses gens & délivrer les deux Voyageurs. Tout ce qui passe sur mes terres est à moi, dit-il à Memnon, aussi bien que ce que je trouve sur les terres des autres; mais vous me paroissez un si brave homme que je vous exempte de la loi commune; il le fit entrer dans son Chateau, ordonna à ses gens de le bien traiter; & le soir Arbogad voulut souper avec Memnon. Ce Seigneur

gneur de Chateau étoit un de ces Arabes qu'on apelle Voleurs ; mais il faiſoit quelquefois de bonnes actions parmi une foule de mauvaiſes ; il voloit avec une rapacité furieuſe & donnoit libéralement : Intrépide dans l'action ; aſſez doux dans le commerce ; aimant la table ; gai dans la débauche & ſur-tout plein de franchiſe ; Memnon lui plut beaucoup. La converſation, qui s'anima fit durer le repas. Enfin Arbogad lui dit je vous conſeille de vous enrôler ſous moi, vous ne ſauriez mieux faire ; ce métier-ci n'eſt pas mauvais, vous pourez un jour devenir ce que je ſuis. Puis-je vous demander, dit Memnon, depuis quel tems, vous

 exer-

exercez cette noble profeſſion ? Depuis ma plus tendre jeuneſſe, reprit le Seigneur ; j'étois valet d'un Arabe aſſez habile ; ma ſituation m'étoit inſuportable, j'étois au desespoir de voir que dans toute la terre qui apartient également aux hommes, la Deſtinée ne m'eût pas réſervé ma portion ; je confiai mes peines à un vieil Arabe qui me dit, mon fils, ne deſespérez pas ; il y avoit autrefois un grain de ſable qui ſe lamentoit d'être un Atôme ignoré dans les déſerts ; au bout de quelques années il devint Diamant, & il eſt à préſent le plus bel ornement de la couronne du grand Roi des Indes ; ce discours me fit impreſſion, j'étois le grain

grain de sable, je résolus de devenir Diamant; je commençai par voler deux chevaux; je m'associai des Camarades; je me mis en état de voler de petites Caravanes; je fis cesser peu à peu la disproportion qui étoit d'abord entre les hommes & moi; j'eus ma part aux biens de ce monde, & je fus même dédomagé avec usure; on me considéra beaucoup; je devins Seigneur brigand; j'acquis ce Chateau par voie de fait; le Satrape de Sirie voulut m'en dépossеder; mais j'étois déjà trop riche pour avoir rien à craindre, je donnai de l'argent au Satrape, moyennant quoi je conservai le Chateau, & j'ai agrandi mes Domaines; il me nomma même Tréforier des Tribus que l'Arabie payoit au Roi des Rois; je fis ma charge de Receveur très bien & point du tout celle de Payeur.

Le Grand Defterham de Babylone envoya ici au nom du Roi Moabdar, un petit Satrape pour me faire étrangler. Cet homme arriva avec fon ordre; j'étois inftruit de tout; je fis étrangler en fa préfence les quatre perfonnes qu'il avoit amenées avec lui pour ferrer le lacet, après quoi je lui demandai ce que pouvoit lui valoir, la Commiffion de m'étrangler; il me répondit que fes Honoraires pouvoient aller à trois cent piéces d'or. Je lui fis voir clair qu'il y

auroit

auroit plus à gagner avec moi ; je le fis Sousbrigand. Il eſt aujourdui un de mes meillieurs officiers, & des plus riches ; ſi vous m'en croyez, vous réuſſirez comme lui, jamais la Saiſon de voler n'a été meilleure depuis que Moabdar eſt tué, & que tout eſt en confuſion dans Babylone. Moabdar eſt tué! dit Memnon, & qu'eſt devenue la Reine Aſtarté? Je n'en ſais rien, reprit Arbogad, tout ce que je ſais c'eſt que Moabdar êtoit devenu fou, & qu'il a été tué, que Babylone eſt un grand coupegorge ; que tout l'Empire eſt déſolé ; qu'il y a de beaux coups à faire encore, & que pour ma part j'en ai fait d'admirables. Mais la Reine, dit

Memnon? de grace ne ſavez vous rien de ſa deſtinée? On m'a parlé d'un Prince d'Hircanie, reprit-il, elle eſt probablement parmi ſes Concubines ſi elle n'a pas été tuée dans le tumulte, mais je ſuis plus curieux de butin que de nouvelles; j'ai pris pluſieurs femmes dans mes courſes, je n'en garde aucune, je les vends cher quand elles ſont belles, ſans m'informer de ce qu'elles ſont, on n'achepte point le rang, une Reine qui ſeroit laide ne trouveroit point marchand. Peutêtre ai-je vendu la Reine, peutêtre eſt-elle morte; mais peu m'importe, & je penſe que vous ne devez pas vous en ſoucier plus que moi. En parlant ainſi il buvoit

avec

avec tant de courage, il confondoit tellement toutes les idées, que Memnon n'en pu tirer aucun éclaiciſſement. Il reſtoit interdit, accablé, immobile. Arbogad buvoit toujours, faiſoit des contes, répétoit ſans ceſſe qu'il étoit le plus heureux de tous les hommes, exhortant Memnon à ſe rendre auſſi heureux que lui ; enfin doucement aſſoupi par les fumées du vin, il alla dormir d'un ſomeil tranquile.

Memnon paſſa la nuit dans l'agitation la plus violente. Quoi, diſoit-il, le Roi eſt devenu fou ? Il eſt tué, je ne puis m'empêcher de le plaindre, l'Empire eſt déchire, & ce Brigand eſt heureux : ô For-

Fortune, ô Deſtinée! Un Voleur eſt heureux, & ce que la Nature a fait de plus aimable a péri peut-être d'une maniere affreuſe! On vit dans un état pire que la mort! Dès le point du jour il interrogea tous ceux qu'il rencontroit dans le Chateau, mais tout le monde étoit occupé, perſonne ne lui répondoit. On avoit fait la nuit de nouvelles Conquêtes; on partageoit les dépouilles. Tout ce qu'il put obtenir dans cette confuſion tumultueuſe, ce fut la permiſſion de partir, il en profita ſans tarder, plus abîmé que jamais dans ſes réflexions douloureuſes.

CHA-

CHAPITRE XII.

MEmnon marchoit inquiet, agité, l'esprit tout occupé de la malheureuse Astarté, du Roi de Babylone, de son fidele Cador, de l'heureux Brigand Arbogad, de cette femme si capricieuse que des Babyloniens avoient enlevée sur les confins de l'Egypte; enfin de tous les contretems & de toutes les Infortunes qu'il avoit éprouvées. En entrant dans une belle Prairie il vit plusieurs femmes qui cherchoient quelque chose avec beaucoup d'aplication; il prit la liberté de s'aprocher de l'une d'elles & de lui demander s'il pouvoit avoir

voir l'honneur de les aider dans leurs recherches. Gardez vous en bien, répondit la Syrienne: ce que nous cherchons ne peut être touché que par des femmes. Voilà qui est bien étrange, dit Memnon, oserai-je vous prier de me dire ce que c'est qu'il n'est permis qu'aux femmes de toucher? C'est un Bazilic, dit-elle. Un Bazilic, Madame! & pour quelle raison s'il vous plaît cherchez vous un Bazilic? C'est pour notre Seigneur & maître Ogul donc vous voyez le Chateau sur le bord de cette Riviere, au bout de la prairie: nous sommes ses très humbles esclaves: le Seigneur Ogul est malade: son Médecin lui a ordonné de manger

ger un Bazilic cuit dans de l'eau Rose : & comme c'eſt un animal fort rare qui ne ſe laiſſe jamais prendre que par des femmes, le Seigneur Ogul a promis de choiſir pour ſa femme bien aimée celle de nous qui lui aporteroit un Bazilic ; laiſſez moi chercher s'il vous plaît, car vous voyez ce qu'il m'en couteroit ſi j'étois prévenue par mes Compagnes.

Memnon laiſſa cette Sirienne & les autres chercher leur Bazilic, & continua de marcher dans la prairie. Quand il fut au bord d'un petit ruiſſeau il y trouva une autre Dame couchée ſur le gazon, & qui ne cherchoit rien ; ſa taille étoit majeſtueuſe ; mais ſon viſage

étoit

étoit couvert d'un voile; elle étoit penchée vers le ruiſſeau; de profonds ſoupirs ſortoient de tems en tems de ſa bouche; elle tenoit en main une petite baguette avec laquelle elle traçoit des caractères ſur un ſable fin, qui ſe trouvoit entre le gazon & le ruiſſeau. Memnon eut la curioſité de voir ce que cette femme écrivoit; il vit le nom de Memnon ſur le ſable. Jamais ſurpriſe ne fut égale à la ſienne; il demeura quelque tems immobile; enfin rompant le ſilence d'une voix entrecoupée; ô généreuſe Dame pardonnez à un étranger d'oſer vous demander par quelle avanture étonnante je trouve ici le nom de Memnon tracé de votre main di-

divine? A cette voix, à ces paroles, la Dame releva son voile d'une main tremblante, regarda Memnon, jetta un cri d'attendrissement de surprise & de joie, & succombant sous tous les mouvemens divers qui assailloient à la fois son Ame, elle tomba évanouïe entre ses bras. C'étoit Astarté elle même; c'étoit la Reine de Babylone; c'étoit celle que Memnon adoroit, & qu'il se reprochoit d'adorer; c'étoit celle dont il avoit tant pleuré & tant craint la destinée. Il fut un moment privé de l'usage de ses sens; quand il les eut repris, quand il eut attaché ses regards sur les yeux d'Astarté, qui se rouvroient avec une langueur mêlée de confusion & de tendresse, ô Puissances Immortelles, s'écria-t-il, qui présidez aux destins des foibles humains me rendez-vous Astarté ? En quel tems, en quels lieux, en quel état la revois-je ! Il se jetta à genoux devant Astarté, & il attacha son front à la poussiere de ses piés. La Reine de Babylone le releve & le fait asseoir auprès d'elle sur le bord de ce ruisseau. Elle essuyoit à plusieurs reprises ses yeux dont les larmes recommençoient toujours à couler, reprenoit vingt fois des discours que ses gémissemens interrompoient ; elle l'interrogeoit sur le hazard qui les rassembloit & prévenoit soudain ses réponses par d'aud'autres queſtions ; elle entamoit le récit de ſes malheurs, & vouloit ſavoir ceux de Memnon.

Enfin tous deux ayant un peu apaiſé le tumulte de leurs Ames, Memnon lui conta en peu de mots par quelle avanture il ſe trouvoit dans cette prairie : mais ô malheureuſe & reſpectable Reine comment vous retrouvé-je en ce lieu écarté vêtue en eſclave, & accompagnée d'autres femmes eſclaves qui cherchent un Bazilic pour le faire cuire dans de l'eau Roſe par ordre du Médecin. Pendant qu'elles cherchent leur Bazilic, dit la belle Aſtarté, je vais vous aprendre tout ce que j'ai ſouffert & tout ce que je pardonne ne au Ciel depuis que je vous revois. Vous ſavez que le Roi mon mari trouva mauvais que vous fusſiez le plus aimable de tous les hommes ; & ce fut pour cette raiſon qu'il prit une nuit la réſolution de vous faire étrangler, & de m'empoiſonner. Vous ſavez comme le Ciel permit que mon petit Muet m'avertît de l'ordre du Roi ; à peine le fidele Cador vous eut-il forcé de m'obéïr & de partir, qu'il oſa entrer chez moi au milieu de la nuit par un iſſue Secrete, il m'enleva & me conduiſit dans le Temple d'Oroſmade où le Mage ſon frere m'enferma dans cette ſtatue Coloſſale dont la baze touche aux fondemens du Temple,

ple, & dont la tête atteint la voute. Je fus là comme ensevelie, mais servie par le Mage, & ne manquant d'aucune chose nécessaire: Cependant au point du jour l'Apoticaire de sa Majesté entra dans ma chambre avec une potion mêlée de Jusquiame, d'Opium de Cigüe, d'Hellebore noire & d'Aconit & un autre Officier alla chez vous avec un lacet de soie. On ne trouva personne ; Cador pour mieux tromper le Roi feignit de venir nous accuser tous deux, il dit que vous aviez pris la route des Indes & moi celle de Memphis. On envoya des Satellites après vous & après moi.

Les Couriers qui me cherchoient ne me connoiſſoient pas. Je n'avois preſque jamais montré mon viſage qu'à vous ſeul en préſence & par ordre de mon Epoux. Ils coururent à ma pourſuite ſur le portrait qu'on leur avoit fait de ma perſonne. Une femme de la même taille que moi & qui peutêtre a de plus beaux traits s'offrit à leurs regards ſur les frontieres de l'Egypte. Elle étoit éplorée, errante; ils ne douterent pas que cette femme ne fût la Reine de Babylone. Ils la menerent à Moabdar. Leur mépriſe fit entrer d'abord le Roi dans une violente colere: mais bientôt ayant conſidéré de plus près cette femme, il la trouva très belle & fut

fut consolé. On l'apelloit Marie. On m'a dit depuis que ce nom signifie en langue Egyptienne la belle Capricieuse; elle l'étoit en effet, mais elle avoit autant d'art que de caprice; elle plut à Moabdar, elle le subjugua, au point de se faire déclarer sa femme. Alors son caractere se dévelopa, tout entier; elle se livra sans crainte à toutes les folies de son imagination; elle voulut obliger le Chef des Mages qui étoit vieux & gouteux de danser devant elle, & sur les refus du Mage elle le persécuta violemment; elle ordonna à son grand Ecuyer de lui faire une Tourte de Confitures. Le grand Ecuyer eut beau lui représenter qu'il n'én'étoit point patissier, il fallut qu'il fît la tourte, & on le chassa par ce qu'elle étoit trop brûlée. Elle donna la charge de grand Ecuyer à son Nain, & la place de Chancelier à un Page. C'est ainsi qu'elle gouverna Babylone; tout le monde me regrettoit. Le Roi qui avoit été assez juste jusqu'au moment où il avoit voulu m'empoisonner & vous faire étrangler, sembloit avoir noyé ses vertus dans l'amour prodigieux qu'il avoit pour la belle Capricieuse; il vint au Temple le grand jour du feu sacré; je le vis implorer les Dieux pour la belle Marie aux piés de la statue où j'étois renfermée; j'élevai la voix, je lui criai, les

Dieux

Dieux refuſent les vœux d'un Roi devenu Tyran, qui a voulu faire mourir une femme raiſonnable pour épouſer une extravagante. Moabdar fut confondu de ces paroles au point que ſa tête ſe troubla. L'Oracle que j'avois rendu à la Tyrannie de Marie ſuffiſoit pour lui faire perdre le jugement; il devint fou en peu de jours. Sa folie qui parut un châtiment du Ciel fut le ſignal de la révolte.

On ſe ſouleva, on courut aux armes. Babylone ſi longtems plongée dans une moleſſe oiſive devint le theâtre d'une guerre civile, affreuſe. On me tira du creux de ma Statue & on me mit à la tête d'un parti. Cador courut à Memphis pour vous ramener à Babylone. Le Prince d'Hircanie aprenant ces funeſtes nouvelles revint avec ſon armée faire un troiſieme parti dans la Caldée; il attaqua le Roi qui courut au-devant de lui avec ſon extravagante Egyptienne. Moabdar mourut percé de coups. Marie la Capricieuſe tomba aux mains du Vainqueur, mon malheur voulut que je fuſſe priſe moi même par un parti Hircanien, & qu'on me menât devant le Prince préciſément dans le tems qu'on lui amenoit Marie. Vous ſerez flatté ſans doute en aprenant que le Prince me trouva plus belle que l'Egyptienne, mais vous ſerez fâché d'aprendre qu'il me deſtina à ſon Ser-

Serrail : il me dit fort résolûment que dès qu'il auroit fini une expédition militaire qu'il alloit exécuter, il viendroit à moi. Jugez de ma douleur, mes liens avec Moabdar étoient rompus, je pouvois être à Memnon & je tombois dans les Chaînes d'un Barbare, je lui répondis avec toute la fierté que me donnoient mon Rang & mes sentimens. J'avois toujours entendu dire que le Ciel attachoit aux personnes de ma sorte un caractere de Grandeur, qui d'un mot & d'un coup d'œil faisoit rentrer dans l'abaissement du plus profond respect, les téméraires qui osoient s'en écarter. Je parlois en Reine, mais je fus traitée en en Demoiſelle ſuivante. L'Hircanien ſans daigner ſeulement m'adreſſer la parole, dit à ſon Eunuque Noir que j'étois une impertinente, mais qu'il me trouvoit jolie : il lui ordonnna d'avoir ſoin de moi, & de me mettre au Régime des Favorites afin de me rafraichir le teint, & de me rendre plus digne de ſes faveurs pour le jour où il auroit la commodité de m'en honorer. Je lui dis que je me tuerois, il repliqua en riant qu'on ne ſe tuoit point qu'il étoit fait à ces façons là, & me quitta comme un homme qui vient de mettre un perroquet dans ſa Ménagerie. Quel état pour la premiere Reine de l'Univers ? &, je dirai

plus,

plus, pour un cœur qui étoit à Memnon? A ces paroles que la Reine prononçoit avec tendresse. Memnon se jetta à ses genoux & les baigna de larmes. Astarté le releva tendrement, & elle continua ainsi: Je me voyois au pouvoir d'un barbare, & rivale d'une folle avec qui j'étois renfermée: elle me raconta son avanture d'Egypte: je jugeai par les traits dont elle vous peignoit, par le tems, par le Dromadaire sur lequel vous étiez monté, par toutes les Circonstances que c'étoit Memnon qui avoit combattu pour elle: je ne doutai pas que vous ne fussiez à Memphis, je pris la résolution de m'y retirer. Belle Marie, lui dis-je, vous êtes beau-

beaucoup plus plaiſante que moi; vous divertirez bien mieux que moi le Prince d'Hircanie, facilitez moi les moyens de me ſauver, vous regnerez ſeule, vous vous rendrez heureuſe, en vous débaraſſant d'une Rivale. Marie la Capricieuſe concerta avec moi les moyens de ma fuite. Je partis donc ſecrettement avec une Eſclave Egyptienne: j'étois déjà près de l'Arabie lorſqu'un fameux Voleur nommé Arbogad m'enleva, & me vendit à des Marchands qui m'ont amenée dans ce Château où demeure le Seigneur Ogul; il m'a achetée ſans ſavoir qui j'étois. C'eſt un homme voluptueux, qui ne ſonge qu'à faire grande chere,

&

& qui croit que Dieu l'a mis au monde pour tenir table; il est d'un embonpoint excessif qui est toujours prêt à le suffoquer; son Médecin qui n'a que peu de crédit auprès de lui quand il digere bien, le gouverne despotiquement quand il a trop mangé; il lui a persuadé qu'il le guériroit avec un Bazilic cuit dans de l'Eau Rose. Le Seigneur Ogul a promis l'honneur de sa main à celle de ses Esclaves qui lui aporteroit un Bazilic. Vous voyez que je les laisse s'empresser à mériter cet honneur, & je n'ai jamais eu moins d'envie de chercher ce Bazilic que depuis que le Ciel a permis que je vous revisse.

Alors Astarté, & Memnon se di-

dirent tout ce que des ſentimens longtems retenus & tout ce que leurs malheurs & leurs amours pouvoient inſpirer aux cœurs les plus nobles & les plus paſſionnés, & les Génies qui préſident à l'amour, porterent leurs paroles juſqu'à la Sphere de Venus.

Les femmes rentrerent chez Ogul ſans avoir rien trouvé. Memnon ſe fit préſenter à lui, & lui parla en ces termes; Que la Santé immortelle deſcende du Ciel pour avoir ſoin de tous vos jours; je ſuis Médecin; j'ai accouru vers vous ſur le bruit de votre maladie, & je vous ai aporté un Bazilic cuit dans de l'Eau Roſe. Ce n'eſt pas que je prétende vous épouſer, je je ne vous demande que la liberté d'une jeune Esclave de Babylone que vous avez depuis quelques jours, & je consens de rester en esclavage à sa place si je n'ai pas le bonheur de guérir le magnifique Seigneur Ogul.

La proposition fut acceptée. Astarté partit pour Babylone avec le domestique de Memnon en lui promettant de lui envoyer incessamment un courier pour l'instruire de tout ce qui se seroit passé. Leurs adieux furent aussi tendres que l'avoit été leur reconnoissance. Le moment où l'on se retrouve & celui où l'on se sépare sont les deux plus grandes Epoques de la vie, comme dit le grand livre du Zend. Memnon aimoit la

Reine autant qu'il le juroit; & la Reine aimoit Memnon plus qu'elle ne le lui disoit. Cependant Memnon parla ainsi à Ogul; Seigneur on ne mange point mon Bazilic; toute sa vertu doit entrer chez vous par les pores; je l'ai mis dans un petit Outre bien enflé & couvert d'une peau fine; il faut que vous poussiez cet Outre de toute votre force & que je vous le renvoie à plusieurs reprises, & en peu de jours de régime vous verrez ce que peut mon art. Ogul, le premier jour, fut tout essouflé & crut qu'il mourroit de fatigue; le second il fut moins fatigué, & dormit mieux. En huit jours il recouvra toute la force, la santé,

la

la légereté & la gayeté de ses plus brillantes années. Vous avez joué au Balon & vous avez été sobre lui dit Memnon ; aprenez qu'il n'y a pas plus de Bazilics que de Grifons dans la Nature ; qu'on se porte toujours bien avec de la sobriété & de l'exercice, & que l'art de faire subsister ensemble l'intempérance & la santé est un art aussi Chimérique que la Pierre Philosophale, l'Astrologie judiciaire & tant d'autres.

Le premier Médecin d'Ogul sentant combien cet homme étoit dangereux pour la Médecine fit une cabale avec les Esclaves pour le faire périr ; mais pendant qu'on préparoit la perte de Memnon, il reçut un courier de la Reine Astarté.

CHAPITRE. XIII.

LA Reine avoit été reçue à Babylone avec les tranſports qu'on a toujours pour une belle femme, qui a été malheureuſe. Babylone alors commençoit à être plus tranquile; le Prince d'Hirçanie avoit été tué dans un combat. Les Babyloniens vainqueurs déclarerent qu'Aſtarté épouſeroit celui qu'on choiſiroit pour Souverain. On ne voulut point que la premiere place du monde qui feroit celle de mari d'Aſtarté & de Roi de Babylone dépendît des intrigues & des cabales; On jura de reconnoître pour Roi le plus vaillant

lant & le plus ſage. Une grande Lice bordée d'Amphitéâtres magniquement ornés fut formée à quelques lieues de la Ville ; les Combattans devoient s'y rendre armés de toutes piéces ; chacun d'eux avoit derriere les Amphitéâtres un apartement ſéparé où il ne devoit être vu ni connu de perſonne.

Il falloit courir quatre Lances, & ceux qui ſeroient aſſez heureux pour vaincre quatre Chevaliers, devoient combattre enſuite les uns contre les autres de façon que celui qui reſteroit le dernier, maître du champ, ſeroit proclamé vainqueur des jeux ; il devoit revenir quatre jours après avec les mêmes armes & expliquer les Enigmes ;

 s'il

s'il ne devinoit pas ces Enigmes il n'étoit point Roi & il falloit recommencer à courir des Lances jusqu'à ce qu'on trouvât un homme qui fût vainqueur dans ces deux combats; car on vouloit absolument pour Roi le plus vaillant & le plus sage. La Reine pendant tout ce tems devoit être étroitement gardée, on lui permettoit seulement d'assister aux jeux, couverte d'un voile: mais on ne souffroit pas qu'elle parlât à aucun des prétendans afin qu'il n'y eût ni faveur ni injustice.

Voilà ce qu'Astarté faisoit savoir à Memnon espérant qu'il montreroit pour elle plus de valeur & d'esprit que personne: il partit

&

& pria Venus de fortifier ſon courage & d'éclaircir ſon eſprit : il arriva ſur le rivage de l'Euphrate la veille de ce grand jour. Il fit inſcrire ſa Deviſe parmi celles des Combattans, en cachant ſon viſage & ſon nom, comme la Loi l'ordonnoit & alla ſe repoſer dans l'apartement qui lui échut par le ſort.

Son ami Cador qui étoit revenu à Babylone après l'avoir inutilement cherché en Egypte fit mettre dans ſa Loge une armure complette que la Reine lui envoyoit; il lui fit amener auſſi de ſa part le plus beau Cheval de Perſe. Memnon reconnut Aſtarté à ces Préſents : Son courage & ſon amour, en prirent de nouvelles forces & de nouvelles espérances.

Le lendemain la Reine étant venue se placer sous un dais de pierreries, & les Amphitéâtres étant remplis de toutes les Dames & de tous les Ordres de Babylone, les Combattans parurent dans le Cirque. Chacun d'eux vint mettre sa devise aux piés du grand Mage. On tira au sort les devises de ceux qui commenceroient ce combat; celle de Memnon fut la derniere. Le premier qui s'avança étoit un Seigneur très riche, nommé Itobal, fort vain, peu courageux, très mal-adroit, & sans esprit. Ses domestiques l'avoient persuadé qu'un homme comme lui devoit

être

être Roi, il leur avoit répondu, un homme comme moi doit reguer: ainsi on l'avoit armé de pié en Cap: il portoit une Armure d'or émaillée de verd, un Panache verd, une lance ornée de rubans verds. On s'aperçut d'abord à la maniere dont Itobal gouvernoit son cheval, que ce n'étoit pas un homme comme lui, à qui le Ciel réservoit le Sceptre de Babylone. Le premier Cavalier qui courut contre lui le desarçonna. Le second le renversa sur la croupe de son cheval, les deux jambes en l'air, & les deux bras étendus. Itobal se remit, mais de si mauvaise grace que tout l'Amphitéâtre se mit à rire. Un troisieme ne daigna pas ſe ſervir de ſa lance; mais en lui faiſant une paſſe, il le prit par la jambe droite, & lui faiſant faire un demi tour, il le fit tomber ſur le ſable. Les Ecuyers des jeux accoururent à lui en riant, & le remirent en ſelle. Le quatrieme Combattant le prend par la jambe droite & le fait tomber de l'autre côté. On le reconduiſit avec des huées à ſa Loge, où il devoit paſſer la nuit ſelon la Loi, & il diſoit en marchant à peine, *quelle avanture pour un homme comme moi!*

Les autres Chevaliers s'acquiterent mieux de leur devoir: il y en eut qui vainquirent deux Combattans de ſuite: quelques-uns allerent

rent jusqu'à trois. Il n'y eut que le Prince Otame qui en vainquit quatre. Enfin Memnon combattit à son tour; il desarçonna quatre Cavaliers de suite avec toute la grace possible. Il fallut donc voir qui seroit vainqueur d'Otame ou de Memnon. Le premier portoit des armes bleu & or, avec un Panache de même; celles de Memnon étoient blanches. Tous les voeux se partageoient entre le Cavalier bleu & le Cavalier blanc. La Reine à qui le coeur palpitoit faisoit des prieres au Ciel pour la couleur blanche.

Les deux Champions firent des passes & des caracoles avec tant d'agilité; ils se donnerent de si beaux

beaux coups de lances ; ils étoient ſi fermes ſur leurs arçons que tout le monde, hors la Reine, ſouhaitoit qu'il y eût deux Rois dans Babylone : enfin leurs chevaux étant laſſés & leurs lances rompues, Memnon uſa de cette adreſſe ; il paſſe derriere le Prince bleu, s'élance ſur la croupe de ſon cheval, le prend par le milieu du corps, le jette à terre, ſe met en ſelle à ſa place & caracole autour d'Otame étendu ſur le ſable ; tout l'Amphitéâtre crie victoire au Cavalier Blanc. Otame indigné ſe releve, tire ſon épée, Memnon ſaute de cheval le ſabre à la main, les voilà tous les deux ſur l'arene livrant un nouveau combat, où la force & l'al'agilité triomphent tour à tour, les plumes de leurs casques, les cloux de leurs brassards, les mailles de leur armure sautent en l'air sous mille coups précipités : ils frappent de pointe & de taille ; à droite à gauche, sur la poitrine, sur la tête, ils reculent, ils avancent, ils se mesurent, ils se rejoignent, ils se saisissent, ils se replient comme des serpens, ils s'attaquent comme des Lions ; le feu jaillit en éclairs des coups qu'ils se portent ; enfin Memnon ayant un moment repris ses esprits, s'arrête, fait une feinte, passe sur Otame, le fait tomber le desarme, & Otame s'écrie ; ô Cavalier Blanc c'est vous qui devez regner sur Babylone.

La

La Reine étoit au comble de sa joie; on reconduisit le Chevalier Bleu & le Chevalier Blanc chacun à leur Loge, ainsi que tous les autres, selon ce qui étoit porté par la Loi. Des Muets vinrent les servir & leur aporter à manger, on peut juger si le petit Muet de la Reine ne fut pas celui qui servit Memnon; ensuite on les laissa dormir seuls jusqu'au lendemain matin, que le Vainqueur devoit aporter sa devise au grand Mage & se faire reconnoître.

Memnon dormit quoiqu'amoureux, tant il étoit fatigué. Itobal qui étoit couché auprès de lui ne dormit point; il se leva pendant la nuit prit les armes blanches de Mem-

Memnon avec sa devise & mit son armure verte à la place. Le point du jour venu il alla fiérement au grand Mage déclarer qu'un homme comme lui étoit vainqueur: on ne s'y attendoit pas; mais il fut proclamé pendant que Memnon dormoit encore. Astarté surprise & le desespoir dans le cœur s'en retourna à Babylone. Tout l'Amphitéâtre étoit déjà vuide lorsque Memnon s'éveilla; il chercha ses armes & ne trouva que cette armure verte, il étoit obligé de s'en couvrir, n'ayant rien, autre chose auprès de lui. Etonné & indigné il les endosse avec fureur: il avance dans cet équipage.

Tout ce qui étoit encore sur

L'Aml'Amphitéâtre & dans le Cirque le reçut avec des huées, on l'entouroit, on lui insultoit en face. Jamais homme n'essuya des mortifications si humiliantes; la patience lui échapa, il écarta à coups de sabre la populace, qui osoit l'outrager, mais il ne savoit quel parti prendre, il ne pouvoit voir la Reine; il ne pouvoit réclamer l'armure blanche qu'elle lui avoit envoyée, c'eût été la compromettre; ainsi tandis qu'elle étoit plongée dans la douleur il étoit pénétré de fureur & d'inquiétude; il se promenoit sur les bords de l'Euphrate, persuadé que son Etoile le destinoit à être malheureux sans ressource, repassant dans son esprit tou-

toutes ſes diſgraces depuis l'avanture de la femme qui haïſſoit les Borgnes juſqu'à celle de ſon armure. Voilà ce que c'eſt, diſoit-il, de m'être éveillé trop tard, ſi j'avois moins dormi je ſerois Roi de Babylone; je poſſéderois Aſtarté. Les Sciences, les Moeurs, le Courage n'ont donc jamais ſervi qu'à mon infortune,

Il lui échapa enfin de murmurer contre la Providence, & il fut tenté de croire que tout étoit gouverné par une deſtinée cruelle qui oprimoit les Bons & qui faiſoit proſpérer les Chevaliers Verds. Un de ſes chagrins étoit de porter cette armure verte qui lui avoit attiré tant de huées. Un marchand passa, il la lui vendit à vil prix & prit du marchand une Robe & un Bonnet long. Dans cet équipage il cotoyoit l'Euphrate, rempli de desespoir & accusant en secret la Providence qui le persécutoit sans relache.

CHAPITRE XIV.

IL rencontra en marchant un Hermite dont la Barbe blanche & vénérable lui descendoit jusqu'à la ceinture. Il tenoit en main un Livre qu'il lisoit attentivement. Memnon s'arrêta & lui fit une profonde inclination. L'Hermite le salua d'un air si noble & si doux que Memnon eût la curiosité de l'enl'entretenir. Il lui demanda quel livre il lisoit. C'est le Livre des destinées, dit l'Hermite, voulez vous en lire quelque chose? il mit le livre dans les mains de Memnon qui tout instruit qu'il étoit dans plusieurs langues ne put déchifrer un seul caractere du livre. Cela redoubla encore sa curiosité. Vous me paroissez bien chagrin, lui dit ce bon Pere. Hélas que j'en ai sujet! dit Memnon. Si vous permettez que je vous accompagne, repartit le vieillard, peutêtre vous serai-je utile: j'ai quelquefois répandu des sentimens de consolation dans l'ame des malheureux.

Memnon se sentit du respect pour l'air pour la barbe & pour le livre de l'Hermite ; il lui trouva dans la converſation des lumieres ſupérieures : L'Hermite parloit de la Deſtinée, de la Juſtice, de la Morale, du Souverain Bien, de la Foibleſſe humaine, des Vertus & des Vices avec une Eloquence ſi vive & ſi touchante que Memnon ſe ſentit entraîné vers lui par un charme invincible ; il le pria avec inſtance de ne le point quitter juſqu'à ce qu'ils fuſſent arrivés à Babylone. Je vous demande moi-même cette grace, lui dit le Vieillard ; Jurez par Oroſmade, que vous ne vous ſéparerez point de moi quelque chose que je faſſe. Memnon jura & ils marcherent enſemble.

Les deux Voyageurs arriverent le soir à un Château superbe. L'Hermite demanda l'hospitalité pour lui & pour le jeune homme qui l'accompagnoit ; le Portier qu'on auroit pris pour un grand Seigneur les introduisit avec une espéce de bonté dédaigneuse ; on les présenta à un principal Domestique qui leur fit voir les apartemens magnifiques du Maître ; ils furent admis à sa table au bas bout sans que le Seigneur du Château les honorât d'un regard ; mais ils furent servis comme les autres avec délicatesse & profusion ; on leur donna ensuite à laver dans un Bassin d'or garni d'Emeraudes & de Rubis ; on les mena coucher dans un bel apartement & le lendemain matin un domeſtique leur aporta à chacun une piéce d'or après quoi on les congédia. Le Maître de la maiſon, dit Memnon en chemin, me paroît un homme généreux; quoiqu'un peu fier, il exerce noblement l'hoſpitalité. En diſant ces paroles, il aperçut qu'une eſpéce de poche très large que portoit l'Hermite, paroiſſoit tendue & enflée; il y vit enfin le Baſſin d'or garni de pierreries que celui-ci avoit volé. Il n'oſa d'abord en rien témoigner, mais il étoit dans une étrange ſurpriſe. Vers le midi l'Hermite ſe préſenta à la porte d'une maiſon très petite où logeoit un riche Avare; il y deman-

da

da l'hoſpitalité pour quelques heures. Un vieux Valet mal habillé le reçut d'un ton rude & fit entrer l'Hermite & Memnon dans l'Ecurie où on leur donna quelques Olives pouries de mauvais Pain & de la Bierre gâtée.

L'Hermite but & mengea d'un air auſſi content que la veille, puis s'adreſſant à ce vieux Valet qui les obſervoit tous deux pour voir s'ils ne voloient rien & qui les preſſoit de partir, il lui donna les deux piéces d'or qu'il avoit reçues le matin; & le remerciant de toutes ſes attentions, je vous prie ajouta-t-il, faites moi parler à votre Maître; le Valet étonné introduiſit les deux Voyageurs. Magnifique Seigneur, dit l'Hermite, je ne puis que vous rendre de très humbles graces de la maniere noble dont vous nous avez reçus; daignez accepter ce Baſſin d'or comme un foible gage de ma reconnoiſſance. L'Avare fut prêt de tomber à la renverſe. L'Hermite ne lui donna pas le tems de revenir de ſon ſaiſiſſement; il partit au plus vîte avec ſon jeune Voyageur. Mon Pere, lui dit Memnon, qu'eſt-ce que tout ce que je vois? vous ne me paroiſſez reſſembler en rien aux autres hommes; vous volez un Baſſin d'or garni de pierreries à un Seigneur qui vous reçoit magnifiquement, & vous le donnez à un Avare qui vous traite avec indignité?

gnité ? mon fils, répondit le Vieillard, cet homme magnifique qui ne reçoit les étrangers que par vanité & pour faire admirer ses richesses deviendra plus sage ; l'Avare aprendra à exercer l'hospitalité, ne vous étonnez de rien, & suivez moi. Memnon ne savoit encore s'il avoit à faire au plus fou ou au plus sage des hommes, mais l'Hermite parloit avec tant d'ascendant que Memnon lié d'ailleurs par son serment ne put s'empêcher de le suivre.

Ils arriverent le soir à une maison agréablement bâtie, mais simple où rien ne sentoit ni la prodigalité ni l'avarice. Le Maître étoit un Philosophe retiré du monde qui cul-

cultivoit en paix la Sageſſe & la Vertu; il s'étoit plu à bâtir cette retraite, dans laquelle il recevoit les étrangers avec une nobleſſe qui n'avoit rien de l'oſtentation; il alla lui même au devant des deux Voyageurs qu'il fit repoſer d'abord dans un apartement commode: quelque tems après il les vint prendre lui même pour les inviter à un repas propre & bien entendu, pendant lequel il parla avec diſcrétion des dernieres révolutions de Babylone; il parut ſincerement attaché à la Reine & ſouhaita que Memnon eût combattu dans la Lice pour diſputer la Couronne; mais les hommes, ajouta-t-il, ne méritent pas d'avoir un Roi comme

Mem-

Memnon. Celui-ci rougiſſoit & ſentoit redoubler ſes douleurs. On convint, dans la converſation qui les choſes de ce monde n'alloient pas toujours au gré des plus ſages, mais l'Hermite ſoutint qu'on ne connoiſſoit pas les voies de la Providence & que les hommes avoient tort de juger d'un tout dont ils n'apercevoient que la plus petite partie.

Enfin après un entretien auſſi inſtructif qu'agréable, l'Hôte reconduiſit ſes deux Voyageurs dans leur apartement, en béniſſant le le Ciel qui lui avoit envoyé deux hommes ſi ſages, & ſi vertueux; il leur offrit de l'argent d'une maniere aiſée & noble qui ne pouvoit dé-

déplaire. L'Hermite le refuſa, & lui dit qu'il prenoit congé de lui comptant partir pour Babylone avant le jour. Leur ſéparation fut tendre. Memnon ſurtout ſe ſentit plein d'eſtime & d'inclination pour un homme ſi aimable. Quand l'Hermite & lui furent dans leur apartement ; ils firent longtems l'éloge de leur Hôte. Le Vieillard au point du jour éveilla ſon camarade : il faut partir, dit-il, mais tandis que toute le monde dort encore, je veux laiſſer à cet homme un témoignage de mon eſtime pour lui.

En diſant ces mots il prit un flambeau & mit le feu à la Maiſon. Memnon épouvanté jetta des cris, voulut l'empêcher de com-

mettre

mettre une action si affreuse. L'Hermite le prend par le bras & l'entraîne malgré lui ; vous avez fait serment de me suivre, il faut que vous me suiviez ; vous n'avez pas d'autre parti à prendre. Les Reproches la Colere ne servirent de rien à Memnon ; L'Hermite l'entraînoit par une force supérieure. La Maison étoit enflammée, l'Hermite qui étoit déjà assez loin avec son compagnon la regardoit brûler tranquilement. Voilà un homme bien heureux, disoit-il, il va trouver sous les ruïnes de sa maison un trésor immense qui le mettra pour toute sa vie en état d'exercer ses vertus,

Memnon confondu suivit cet é-

trange

trange Hermite à la derniere couchée; ce fut chez une Veuve charitable & vertueuſe qui avoit un Fils unique de quatorze ans, plein d'agrémens & ſa ſeule eſpérance. Elle fit du mieux qu'elle put les honneurs de ſa maiſon, le lendemain elle ordonna à ſon Fils d'accompagner les Voyageurs, juſqu'à un pont qui étant rompu depuis peu étoit devenu un paſſage dangereux. Le jeune homme empreſſé marcha au devant d'eux. Quand ils furent ſur le pont, venez, dit l'Hermite au jeune homme, il faut que je marque ma reconnoiſſance à votre mere, il le prend alors par les cheveux & le jette dans la riviere; l'Enfant tombe, reparoît un un moment ſur l'eau, & eſt engouffré dans le torrent; ô Monſtre! ô le plus ſcélérat de tous les hommes! s'écria Memnon; vous m'aviez promis plus de patience, lui dit l'Hermite en l'interrompant, aprenez que ce jeune homme auroit aſſaſſiné ſa mere dans un an; qui te l'a dit, Barbare, crioit Memnon? & quand tu aurois lu cet événement dans ton Livre des destinées t'eſt-il-permis de noyer un enfant qui ne t'a point fait de mal?

Tandis que Memnon parloit, il aperçut que le vieillard n'avoit plus de barbe & que ſon viſage prenoit les traits de la jeuneſſe: ſon habit d'Hermite diſparut; quatre belles ailes couvroient un corps

Ma-

Majeſtueux & reſplendiſſant de lumiere. O Envoyé du Ciel! ô Ange divin! s'écria Memnon en ſe proſternant, tu eſt deſcendu de l'Empirée pour aprendre à un foible mortel à ſe ſoumettre aux Ordres éternels; les hommes dit l'Ange Jeſrad, jugent de tout ſans rien connoître, tu étois celui de tous les hommes qui méritois le plus d'être éclairé: Memnon lui demanda la permiſſion de parler: je me défie de moi même, dit-il, mais oſerai-je te prier de m'éclairer ſur un doute? ne vaudroit-il pas mieux avoir corrigé cet enfant & l'avoir rendu vertueux, que de l'avoir noyé? Jeſrad reprit, s'il avoit été vertueux & s'il eut vécu, ſon

des-

destin étoit d'être assassiné lui même avec la femme qu'il devoit épouser, & le fils qui en devoit naître; mais quoi, dit Memnon, il est donc nécessaire qu'il y ait des crimes & des malheurs : & les malheurs tombent sur les gens de bien ! les Méchans, répondit Jesrad, sont toujours malheureux, ils servent à éprouver un petit nombre de Justes répandus sur la terre : & il n'y a point de mal dont il ne naisse un bien.

Mais, dit Memnon, s'il n'y avoit que du bien & point de mal ? alors, reprit Jesrad, cette terre seroit une autre terre, l'enchaînement des événemens seroit un autre ordre de Sagesse, & cet autre ordre qui seroit parfait, ne peut être que dans la demeure éternelle de l'Etre Suprême de qui le Mal ne peut aprocher ; il a créé des millions de mondes, dont aucun ne peut ressembler à l'autre : Cette immense variété est un attribut de sa puissance immense ; il n'y a ni deux feuilles d'arbres sur la Terre ni deux globes dans les Champs infinis du Ciel qui soient semblables, & tout ce que tu vois sur le petit Atome où tu es né, devoit être dans sa place & dans son tems selon les ordres immuables de celui qui embrasse tout, qui voit & qui fait tout. Les Hommes pensent que cet enfant qui vient de périr est tombé dans l'eau par hazard, que c'est par un même hazard que cette maiſon eſt brûlée; mais il n'y a point de hazard, tout eſt ou preuve, ou punition, ou récompenſe, ou prévoyance; Foible Mortel! ceſſes de diſputer contre ce qu'il faut adorer. Mais, dit Memnon. Comme il diſoit *mais* l'Ange prenoit déjà ſon vol vers la dixieme Sphere; Memnon à genoux adora la Providence & ſe ſoumit: l'Ange lui cria du haut des airs prends ton chemin vers Babylone.

CHAPITRE XV.

MEmnon hors de lui même, & comme un homme, auprès duquel eſt tombé le tonnerre, marchoit au hazard. Il entra dans

Babylone le jour où ceux qui avoient combattu dans la Lice, étoient déjà aſſemblés dans le grand Veſtibule du Palais pour expliquer les Enigmes, & pour répondre aux queſtions du grand Mage. Tous les Chevaliers étoient arrivés excepté l'Armure Verte.

Dèsque Memnon parut dans la Ville le peuple s'aſſembla autour de lui, les yeux ne ſe raſſaſioient point de le voir, les bouches de le bénir, les coeurs de lui ſouhaiter l'Empire. L'Envieux le vit paſſer frémit & ſe détourna, le peuple le porta juſqu'au lieu de l'aſſemblée. La Reine à qui on aprit ſon arrivée fut en proie à l'agitation de la crainte & de l'eſpérance,

rance, l'inquiétude la dévoroit, elle ne pouvoit comprendre ni pourquoi Memnon étoit ſans armes, ni comment Itobal portoit l'Armure Blanche. Un murmure confus s'éleva à la vue de Memnon, on étoit ſurpris, & charmé de le revoir, mais il n'étoit permis qu'aux Chevaliers qui avoient combattu de paroître dans l'aſſemblée; j'ai combattu comme un autre, dit-il, mais un autre porte ici mes Armes, & en attendant que j'ai l'honneur de le prouver je demande la permiſſion de me préſenter pour expliquer les Enigmes; on alla aux voix, ſa réputation de probité étoit encore ſi fortement imprimée dans les eſprits qu'on ne balança pas à l'admettre.

Le Grand Mage proposa d'abord cette queſtion ; Quelle eſt de toutes les choſes du monde, la plus longue & la plus courte, la plus prompte, la plus lente, la plus diviſible & la plus étendue, la plus négligée & la plus regrettée, ſans qui rien ne ſe peut faire, qui abſorbe tout ce qui eſt petit, & qui vivifie tout ce qui eſt grand ?

C'étoit à Itobal à parler, il répondit qu'un homme comme lui n'entendoit rien aux Enigmes & qu'il lui ſufiſoit d'avoir vaincu à grands coups de lance : les uns dirent que le mot de l'Enigme étoit la fortune, d'autres la terre, d'autres la lumière ; Memnon dit

que

que c'étoit le tems; rien n'eſt plus long, ajouta-t-il, puiſqu'il eſt la meſure de l'éternité, rien n'eſt plus court puisqu'il manque à tous nos projets, rien n'eſt plus lent pour qui attend, rien de plus rapide pour qui jouït, il s'étend juſqu'à l'infini en grand, il ſe diviſe juſque dans l'infini en petit; tous les Hommes le négligent, tous en regrettent la perte, rien ne ſe fait ſans lui, il fait oublier tout ce qui eſt indigne de la poſtérité; & il immortaliſe les grandes choſes.

L'aſſemblée convint que Memnon avoit raiſon, il devina toutes les autres Enigmes avec la même facilité. Itobal diſoit toujours que rien n'étoit plus aiſé & qu'il en ſeroit venu à bout tout auſſi facilement, s'il avoit voulu s'en donner la peine. On propoſa des queſtions ſur la Juſtice, ſur le Souverain Bien, ſur l'Art de regner. Les réponſes de Memnon furent jugées les plus ſolides. C'eſt bien domage, diſoit-on, qu'un ſi bon eſprit ſoit un ſi mauvais Cavalier.

Illuſtres Seigneurs, dit Memnon, j'ai eu l'honneur de vaincre dans la Lice, c'eſt à moi qu'apartient l'Armure Blanche. Itobal jugea aparemment qu'elle lui ſiéroit mieux que la Verte, je ſuis prêt de lui prouver d'abord devant vous avec ma Robe & mon Epée contre toute cette belle Armure Blanche qu'il m'a priſe pendant mon ſommeil, que

que c'est moi qui ai eu l'honneur de vaincre le brave Otame.

Itobal accepta le défi avec la plus grande confiance, il ne doudoit pas qu'étant casqué, cuirassé, brassardé, il ne vînt aisément à bout d'un Champion en Robe. Memnon tira son Epée en saluant la Reine qui le regardoit pénétrée de joie & de crainte. Itobal tira la sienne en ne saluant personne; il s'avança sur Memnon comme un homme qui n'avoit rien à craindre; il étoit prêt de lui fendre la tête, Memnon sut parer le coup en oposant ce qu'on apelle le fort de l'épée au foible de celle de son adversaire, de façon que l'épée d'Itobal se rompit. Dans le moment

Memnon saisissant son ennemi au corps le renversa par terre & lui portant la pointe de son épée au défaut de la cuirasse laissez vous desarmer, dit-il, ou je vous tue.

Itobal toujours surpris des disgraces qui arrivoient à un homme comme lui, laissa faire Memnon qui lui ôta paisiblement son casque, sa cuirasse, ses beaux brassards, ses cuissards, s'en revetit, & courut dans cet équipage se jetter aux genoux, d'ASTARTE'. Cador prouva aisément que l'Armure apartenoit à Memnon il fut reconnu Roi d'un consentement unanime & sur tout de celui d'Astarté, qui goûtoit après tant d'adversités, la douceur de voir son Amant, reconnu digne d'être d'être ſon Epoux. Itobal alla ſe faire apeller Monſeigneur dans ſa maiſon. Memnon fut Roi & fut heureux, il avoit préſent à l'eſprit ce que lui avoit dit l'Ange Jeſrad, il ſe ſouvenoit même du grain de ſable devenu Diamant. La Reine & lui adorerent la Providence ; Memnon laiſſa Marie la capricieuſe courir le monde ; il envoya chercher le Brigand Arbogad, auquel il donna un grade honorable dans ſon armée avec promeſſe de l'avancer aux premieres dignités, s'il ſe comportoit en vrai Guerrier, & de le faire pendre s'il faiſoit le métier de Brigand. Sétoc fut apellé du fond de l'Arabie pour être à la tête du Commerce de Babylone.

Cador

Cador fut placé ſelon ſon Mérite & chéri ſelon ſes Services. Ni la belle Sémire ne ſe conſoloit d'avoir cru que Memnon ſeroit Borgne; ni Azora ne ceſſoit de pleurer d'avoir voulu lui couper le Nez; il adoucit leurs douleurs par des Préſents. L'Envieux ſe vit hors de portée d'être envieux de Memnon, mais il fut enfin puni pour d'autres méchancetés. L'Empire jouït de la paix, de la gloire, & de l'abondance, ce fut le plus beau Siécle de la terre; elle étoit gouvernée par la Juſtice & par l'Amour; On béniſſoit Memnon, & Memnon béniſſoit le Ciel.

FIN.

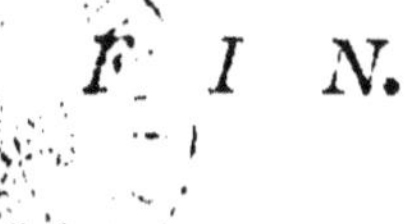